WAC BUNKO

お待たせ!

永田町アホばか列伝

足

JN196510

WAC

はじめに

皆さん。このたびは、誠に申し訳ありませんでした。

足立康史、平謝りをしなければなりません。

このような事態になったことを、心から、猛反省しなければならない……そんな思いを胸に、この本をお届けする次第です。

衆議院議員を4期12年務めた足立康史が、昨年2024年10月の総選挙に立候補することなく「引退」した、これだけの「乱世」にあって、皆さまから頂戴した力を使うことができない。自公与党も、立憲も、そして維新も、明らかな人材不足なのに、その場にいない。本当に申し訳ない限りです。――その仔細はあとでまとめることにします。

代議士は　選挙落ちたら　ただの人

この有名（？）な文句、最初に言ったのは、衆議院当選13回、衆議院議長や自民党副総裁を歴任した故・大野伴睦《ばんぼく》によるものと聞きます。

しかし、わたくし足立康史は、選挙に落ちるも何も、2024年の衆院選にそもそも出なかった、立候補しなかったのです。

かくして衆議院議員の足立康史は、ただの人、一市民の足立君、かろうじて肩書きめいた言い方をするなら「前衆議院議員」の足立君になりました。

思えば議員時代、所属政党内外に「アホや！　ばかや！」と言い回っていた私ですが、こうしてみると、本物のアホ、ホンマもんのばかは、選挙で落ちることさえできなかった足立康史その人だったのかもしれません。

やっさんがんばれ、負けるな、と励ましてくれた全国の皆さん、そして私を支えてきてくださった地元の皆さん、スタッフの皆さん、ありがとうございました。そして本当にごめんなさい。

足立、どの面下《つら》げて生きていくんや、ざまあみさらせ、いい気味や！　とお喜びの皆さん、おめでとう。その後、お元気でお過ごしですか？

ともかくこうして、準備をしていた総選挙に立候補しないという決断をした私は、一国民一市民に戻ったのでした。あのね、ポスターやらパンフレットやら、特に24ページの活動報告書は、それだけで印刷等に800万円もかかったんですよ、そして選挙事務所も、街宣車も使わずに終了。シャレにならんわ。

ただ、おかげさまで、図らずもテレビやネット番組、文字媒体からお声をかけていただき、選挙や政策にからむ話をする機会を得ました。

官僚21年、国会議員12年を経験した足立君には、とても刺激的で、新しい体験です。複雑で退屈になりやすい政策論議をどうわかりやすく、楽しく伝えていくかを考え始めると、いったんやめかかったX（旧ツイッター）の使い方も自分なりに再構築でき、一市民として再び発信していく方向に考えを変えました。応援してくださる人からも、案外元気そうやん、生存確認できたわ、とお声がけをいただけて何よりです。

そんな中、私に連絡をくださったのが、出版社・WACの佐藤幸一常務でした。

佐藤さんは、何を隠そう、足立君の鮮烈な書籍デビューとなった『永田町アホばか列伝』（2017年）の出版元、悟空出版の社長だった方です。

「足立さん、いろいろ言いたいことがあるでしょう？　真面目な本もいいけれど、どうですか？　ここは一つ、久しぶりに原点に戻って、『アホばか』で行っときませんか？」

引退宣言の直後、何百件と来るメールに埋もれて失礼千万にも見逃していた足立君でしたが、ありがたいことに、2、3日後、お電話くださったのです。

　でもね佐藤さん。もう無理です。最悪のアホはわしなんですわ。反省せなあかんのは永田町を去ることになった私なのに、今さら人様に向かってアホやばかやなんて、よう言いません。

「だったら、まずはそこから始めましょうよ。『足立康史の永田町反省記』。いいじゃないですか！　まあ、だんだんそのうちエンジンかかってくるでしょうし」

　反省の弁を本の形で述べる機会をいただく……その中から、今や誰の目にもカオスと化した、ドロドロ、ぐっちゃぐちゃの日本の政治を読み解く手がかりを作れれば……それが今の足立君にできる最大の社会貢献かもしらん……いや、そういえば、足立君以上に反省せなあかん人も、政党も、結構いてるし……、面白そうだな。結局自分も含めてアホばかばっかりだったなぁ。

　わかりました！　やりましょう、ぜひお願いします……つい、そう返事してしまったのです。

　この際ですから、永田町の皆さんも、大阪の皆さんも、見事国会に生還した先生も、残念ながら及ばなかった元・先生も、党勢を大いに伸ばした政党もちょっとコレはやばいんちゃう？　と震えている政党も、足立君と一緒に、大いに反省しようではありませんか。

あるいは、大変僭越《せんえつ》ながら足立君の私見が、皆さんの反省の足しになれば幸いです。

反省も、みんなですれば、怖くない！　この際や。謝りついでに、何でも言うたるで。

……あかん。完全にのせられてますやん。これが出版プロのやり口や！

２０２５年１月

足立康史

お待たせ!

永田町アホばか列伝

◎目次

第3章 自民党・公明党　いにしえの豪族集団どこへ行く

取材協力／増澤健太郎
装幀／須川貴弘（ＷＡＣ装幀室）

第1章
誰が足立康史を殺したか？

「政界引退」と言い切った理由

一般に議員事務所を片付ける機会は、選挙に落選した後でやってくる。しかし足立君は、直前まで出る気満々でいながら、総選挙の公示前に立候補をしないこととなった。選挙準備でにわかに浮き足立つ永田町で、万感胸に迫る中、あれこれ私物を段ボール箱に詰め、事務所をたたむ作業をしていたのです。

議員事務所には、公設、私設含めて多数のスタッフがいる。永田町の議員会館だけでなく、地元にも事務所がある。今回は、その両方がフル回転の状態から突然「倒産」いや「自主廃業」したわけで、足立君のために働いてくれていたスタッフの今後をどうするかは、自分自身の何倍も気になったし、気をもんだ。何せ12年議員やってきたけど、幸いにも落ちたことなかったからな。人生いろいろなことがあった足立君にも、初めての経験になった。

選挙を挟んで永田町を去る議員もいれば、新しく、あるいは返り咲いて永田町にやってくる議員もいる。解散する事務所の秘書は、他の議員の事務所に「転職」することも多い。そこで、どこでどんな秘書を募集しているのか、情報を集めるのも元議員の大切な仕事であり、また責任である。もちろん自力で道を切り開く人もいる。元議員という立場上、特に民間企業への橋渡しは細心の注意が必要となる。

地元のスタッフまで含め、全員がどうにか希望と現実をすり合わせ、新しいスタートを切れるめどがつくまで、そして残務整理が大方終わるまで、1カ月半くらいはかかっただろうか。

こうして、やっと自分のことを考えられるようになったタイミングで、この本を書く余裕が生まれた、ということになる。

いやね、事務所たたむってホンマに心身ともにすり減る大変な作業ですよ。ねえ音喜多駿さん。真っ先にご自分の再就職を決め嬉々とされていたのには驚きましたが、さすがです。

始めに、今回の顛末を語るにあたって、なぜ足立君が「政界引退」という言葉にこだわっているのか、お伝えしておきたい。

後でも述べるが、私が選挙に出なかったのは、第一に自分の地盤であり自分のふるさとである地元大阪の人たちが、私の出馬によって元維新の無所属（足立康史）と維新新人（萩原佳）とに二分され、人間的に収拾不能な禍根《かこん》を残す、いわゆる「焼け野原」になる状況を見るに堪えなかったからだ。

ただ、そんな足立君に向かって「そんなん言わんと、『今回は出ませんが、捲土重来《けんどちょうらい》を期します！』とか、『しゃあないから1回休み！　休憩してまた頑張ります』でええですやん」と言ってくださる方もたくさんいた。戦略的一時撤退というわけだ。

それでも、足立君は「政界引退」にこだわった。

それだけ大阪で生まれた国政政党である日本維新の会に希望を見出し、この12年間、必死で政治に取り組んできた。とりあえず「休憩」とか、そんな中途半端なことはできなかった。それに、私の回りには、多くの「人間」がいる。元秘書たちも２０２５年1月26日投開票の市議選（大阪府茨木市）に立候補（予定）だ。いったん無色透明の「一国民」に戻って、静かに見守る、これが足立康史の筋の通し方だったのです。

総選挙に向けて用意した印刷物の中に８００万円かけて作った「あだち康史　今日までの軌跡」という24ページのパンフレットがある。選挙に出る前提で配り始めたはずが、悲しいかな途中で撤退し大量に残ってしまった。普段何冊か持ち歩いているので、どこかで偶然足立君に会うことがあったら、ぜひもらってあげてください。なんぼでもありますので。

画像であれば、私のXを検索していただければ見られますが、これは意図せずして、議員生活12年間の卒業論文のようになっている。

まあ、我ながらいろいろ仕事したわ。法案作って、ヒアリングして、調査に出向いて、国会でバシバシ質問して、本書いて、ＹｏｕＴｕｂｅやって、全国で演説して、国会政調会長やってマニフェスト書いて……正直に言って、野党第２党の議員としてできること、そして政治家として関心を持ってきたテーマについては、全てやりつくした。他の議員は知らんけど、足立議員は間違いなく「お値段以上」に働いた自信がある。

これ以降は、今後日本維新の会が、野党第1党、連立与党、単独与党というように保守2大政党をつくらならなければできることがない。だから選挙をがんばって、自分だけでなく同志を応援して、党勢をさらに拡大して……と私なりに奮闘して来たつもりだったけれど、維新は野党第1党になる気もなく、そもそもなれる力すら失い、万年野党に堕落して、足立君を「殺し」に来たわけだ。

大阪で生まれた国政政党である日本維新の会に見いだしてきた「希望の光」は、もう見えない。だから、「政界引退」としか言いようがないのである。

神無月

楽しき日々に
始終あり
微かな光
求め続けて

こうして足立康史は、笑って散っていった。撃ちたければ撃ちなさい。それがお互いの運命や……うーん、まあでもやっぱり、足立君にも反省せなあかんことがたくさんある。

正直、このへんの顛末だけで全52巻組くらいの全集を書ける自信がある。この第1章では、特別大サービスのダイジェスト版として、なぜ足立康史は殺されたのか、その経緯と犯人の姿を「推理」してお届けしよう。

足立君の3つの「罪状」——殺した方がアホなのか？　殺された方がばかなのか？

足立君が殺された理由は、一言で言えば「足立コラお前、いらんことすなアホが、目立つな、黙っとけ」という維新内部の圧力にずっと抵抗してきたからだ。つまり、「いらんこと」して、目立って、黙らんかったからである。

もっともこの本はあくまで足立側の言い分なので、ぜひ読者諸氏は各自で検証してほしいところだが、私の言うとおりの理由で足立君が殺されたのなら、こんなにばかげた理由があるだろうか？

曲がりなりにも（と書かざるを得ないのは本当に悲しいが）、日本維新の会は公党である。多数の選良を擁し、国民の血税から編成される政党助成金を受け取っている立場だ。公党に所属している国会議員として、目立ったらアカン、黙っとけというのは根本的におかしい。国会議員は全国民のために働いているのであって、国会だけでなく政党の中で議論をすること自体が大切な使命だ。その結果が党としての政策に反映されるかどうかは別として、自分が大切だと思うことなら堂々と言わねばならない。歳費もらってバッジだけつけて体育座りして下向いて、時々偉いさんのケツなめてればいいわけではない。

それとも「黙っとけば許される」ことを信じているべきだっただろうか。そうなら、後ろから撃たれることも、党員資格を停止されることも、12年尽くしてきた地元選挙区に刺客を送られることもなかっただろう。黙っていられず殺された足立君がアホやったんやろか？

足立君が維新にやってきて以来、殺されるまでの経緯を、簡単な年表で整理してみた。

その中から、足立君に科せられた代表的な3つの「罪状」を観察しよう。

足立君の罪状（1）「制止を振り払い、日本維新の会代表選に立候補」

『アホばか』で一世を風靡《ふうび》（?）していた足立君は、2017年、日本維新の会国会議員団の幹事長代理、そして2021年からは政務調査会長として、当時共同代表だった馬場伸幸前代表を支えることになった。

本当に、力の限り一生懸命支えたという自信がある。その話は、次の章で詳しくねっとりと述べることにするが、当時の私たちを見て、遠藤敬《たかし》国対委員長（当時）はよく、

「またお前らいっしょにおるんか。ホンマに『サンコイチ』やな〜」

と笑っていた。これには、他の人が疎外感を持つかもしらんからあんまりやりすぎるなよ、という注意の意味もこもっていたように思う。

サンコイチ、つまりニコイチ（2個で1つ）の3個バージョン。馬場、足立、そしてもう一人は、前幹事長の藤田文武《ふみたけ》さんである。

維新＆足立康史の動き

年	維新の動き	足立康史の動き
2010	大阪維新の会結成	
2011	統一地方選で府議会過半数、市会第１党に 知事、大阪市長ダブル選挙	東日本大震災を機に政治を志し経済産業省退官
2012	日本維新の会結党、国政進出	みんなの党を経て維新から衆院初当選、以後４期連続
2013		安倍総理に予算委で初質問
2014	分裂・合流を経て維新の党に	
2015	維新の党分裂、国政はおおさか維新の会に 大阪都構想住民投票否決 橋下徹氏政界引退 松井一郎氏代表に	平和安全法制の論戦で注目される 安倍総理と55年体制の亡霊について討論
2016	国政党名を日本維新の会に	
2017		「モリカケ」論戦 YouTubeや書籍での発信を開始
2018		全国遊説「愚直に維新」スタート
2019		安倍内閣不信任決議案に衆院本会議で反対討論
2020	大阪都構想２回目の否決 吉村洋文氏が大阪維新代表に	
2021		国政維新政調会長、「オープン政調」
2022	松井氏政界引退、馬場伸幸氏が国政維新代表に	「維新八策2022」とりまとめ 維新代表選挙に立候補し落選、政調会長退任
2023		ＧＸ推進法、ＧＸ電源法成立に努力
2024	総選挙不振で馬場氏辞任、吉村氏が国政維新代表、前原誠司氏が共同代表に	政治資金パーティー全面禁止を主張 「東京15区」問題で党員資格停止６カ月 維新が選挙区に対立候補を擁立したことを受け政界引退

まだコロナ禍で会食ができない頃、政策作りや他党とのすりあわせ、国会質問などを、馬場幹事長の議員宿舎で、夜な夜な膝詰めでやっていた。合宿状態というか、大げさに言えば抱き合って仕事をしていると表現していいくらいの距離感である。今だから書いてしまうが、晩飯を食べて酒を酌み交わしながら。買い出しはみんなで行って、片付けや皿洗いは一番若い藤田君の仕事だった。

2022年8月、辞任・引退する松井一郎元代表の後任を選ぶ日本維新の会代表選挙が行われることになった。結党以来初となる党員投票で決まる選挙だ。そこに立候補したのが、馬場幹事長、政調会長を務めていた足立康史、そして梅村みずほ参議院議員だった。

空気が一変した。馬場目線で想像すれば、「あだっちゃん、ずっと支えてきてくれたのになんやねん。わしに刃向かうんか？　足立は裏切り者や！」ということなのだろう。

足立君としては、公党の代表選挙である以上、基本的に誰もが手を上げることができなければそもそもおかしいという考え方だ。自民党だって立憲だって、要件を満たせば誰でも立候補できるし、自由に政策論議をして党員に大いに見てもらい、結果が出れば少なくとも表面上はノーサイドである。実際、総裁選、代表選で株を上げたり、意外な才能を見いだされたりして、敗れた側が重職を任されることもままある。

日本維新の会は新しい政党だ。既成政党よりさらにオープンで、堂々と、公正に代表選挙をする政党のはず……だった。「創業者」の橋下徹氏は、代表選における党員投票のルールを「どの党員でも1人1票」という、なかなかにラディカルな方法にした。国会議員票と党員票、地方票などで区別している既成政党とは違い、国会議員であろうと地方議員であろうと一般党員であろうと1票は1票というのだから、相当に思い切ったルールだし、それ自体は素晴らしいと思う。

ところがここに、「コラ足立！　何してくれてんねん」とでも言いたげな勢いで露骨に介入してきたのが、二回目の大阪都構想が否決となった責任を取って代表を辞任し、政界からも引退すると宣言したはずの松井一郎代表（当時）その人だった。

松井氏は、しないと言っていた前言を翻し、公然と馬場幹事長を後継指名したのだ。責任取ってやめていく党代表が、自分の影響力を使って後継指名したら、自由な議論も、せっかくの1人1票も台無しになってしまう。それを分かっていて、松井氏はあえて馬場幹事長を後継指名し、多くの党員はその意をくみ取って、粛々と馬場氏に投票した。結果は馬場氏の圧勝、次点の足立君は有効票数の10％強しか獲得できなかった。

もっとも、松井氏の後継指名がなかったとしても、足立君が当選できたかどうかは危うい。それはよく分かった上で、それでも代表選挙で党の今後を考える政策論争をすることは大切な自分の役割だと考えたから足立君は立候補したのであって、別に馬場幹事長を裏切ったとか、松井氏を邪魔しようとか、そういう意図は一切ない。足立君は公党の一員として仕事をしたのである。

だが、松井氏は足立君に、公然と代表に相応しくないから立候補を断念するよう圧力をかけてきた。そして、同じく立候補を考えていた東徹《あずまとおる》参院議員（その後衆院に鞍替え）は実際に断念した。

東さんはもともと父上が自民党、第2章で解説するが松井一郎氏が象徴している「大阪自民系維新」の正統なる構成員である。

東さんと違いたった1人の（もう一人であった丸山穂高《ほだか》さんは既に除名）「霞ヶ関系維新」は、空気を読まずに松井氏の制止を振り切って立候補。落選した足立君は、その後、党の全役職から外された。たくさん掛け持ちしていた衆議院の委員会も外され、一時は農林水産だけになった。

その上、維新の同僚のほとんどが口を聞いてもくれなくなった。もはやいじめ、パワハラの類いである。というのも、何人かは話があればこっそり足立君の部屋を訪ねたり、電

話をかけてくれたりしたのだが、最後はみんな異口同音に、

「足立先生、私が来たことは、絶対誰にも言わんといてください……」

と懇願するのだった。維新担当の新聞記者ですら同じである。下手に裏切り者の足立君とつながっているところを馬場執行部に見つかったら仕事ができないからだ。馬場のおっさん、あんたは秘密警察かとツッコミを入れたいところだが、こういうのは、正直悲しく、残念だった。

サンコイチで皿洗いをしていた藤田さんは、引き続き幹事長を務めたが、足立君が代表選に出馬したことで煙たがるようになり、ほとんど口もきかない間柄となる。撤退した東さんは党改革実行本部長になったが、本人がこだわって取り組んできた政策活動費の廃止を進言して馬場代表から一蹴され、黙ってしまった。

足立君の後釜として国会議員団の政調会長になったのは、みんな大好き、あの音喜多駿さんである。党全体の政調会長でありながら国政維新の主導権を取られていた音喜多君は、足立君の背中に銃を撃ち続け、それは足立君の政調会長退任後も、エスカレートしていっ

たのだ。
ここまで書いただけでも戦慄、震え上がるが、これはまだほんの序章に過ぎなかったのだ……。

足立君の罪状（2）「アンタッチャブル？『生コンの秘密』に突撃する」

足立君の口から「生コン」と聞くと、記憶力のいい向き、そして裏情報がお好きな方たちには、にわかに辻元清美議員や福島瑞穂議員の顔が浮かぶだろう。だが、足立君の絡んだ話は少し違う。首から下を生コンで固められて大阪湾に沈められそうになった……わけでもない。

面倒くさい話で少し申し訳ないのだが、大阪における、いわゆる「生コン」には2つの団体がある。どっちも「組合」なので紛らわしい。まずは、「組合」にも、「良い組合」と「悪い組合」があるんだと思ってもらえればいい。

（1）労働組合の「生コン」……連帯ユニオン関西地区生コン支部。いわゆる「関西生コン」。なお「連帯ユニオン」というのも愛称で、正式名称は「全日本建設運輸連帯労働組合」。

支部と称しているが、もともとこの団体が母体であるらしい。

（２）中小企業等協同組合の「生コン」……大阪広域生コンクリート協同組合。労働組合ではなく、中小企業が集まって組織している中小企業等協同組合法上の「協同組合」。（１）に所属している労働者を雇用している企業の集まりだ。

ごくシンプルに言えば、（１）の「生コン」の組合員は、（２）の「生コン」の組合員である企業に雇われ、また争議をしかけているわけだ。

余談になるが、皆さんが一般に並々ならぬ関心を持っている（１）の「関西生コン」は、足立君が議員時代、何度も国会で取り上げたから、ご存じの方も多いでしょう。２０２２年11月９日、衆議院の経済産業委員会で警察庁に質問をしたところ、２０１８年以降、威力業務妨害、恐喝などで４府県警にのべ89人、実質57人の大量逮捕者を出していることを確認している。この中には当時執行委員長の武建《たけ》一氏も含まれていて、こうした検挙を経て、「関西生コン」は、実質的に活動が大きく後退した。

これに胸をなで下ろしたであろう「生コン」が（２）の「生コン協同組合」。自分たちのビジネスを不当に妨害してきた「関西生コン」が弱体化し、事業をやりやすくなっただろう。

ここからが本題だ。（2）の「生コン協同組合」の生コン価格が高すぎるのではないか、何とかしてほしいという声が、土建業界から寄せられたのである。

足立君が長年（1）の「関西生コン」を国会内外で追及してきたことは、協同組合の皆さんも、土建業界の皆さんもよくご存じのところだ。

ところが、こうして「関西生コン」が退潮したあと直面したのが、生コン価格の急騰だったわけだ。

前提として、生コンも含め建設資材や工事価格は、世界的なインフレ傾向を受けて値上がりが続いている。そこにきて、大阪では2025大阪・関西万博やIR（統合型リゾート）関連の土木、建築工事が進んでいることもあって、需要は堅調に推移している。

ただ、大阪における生コン価格は、それらを考慮に入れてもなお、突出して高いのではないか、という声が寄せられたわけだ。

ここでやっと、「協同組合」の意味を解説するタイミングである。前述した通り、（2）の「生コン協同組合」は、中小企業等協同組合法に基づいて設立されている。ではその存在の目的は何か。簡単に言うと、大手の業者に対して価格競争力の弱い中小企業等は、集まって特別にカルテルを作っていいですよ、ということだ。本来カルテルは独占禁止法で禁じられているが、中小企業がこの法律に基づいて作った組合でなら、基本的にカルテルでもOK、適用除外ということになる。あくまで中小企業を保護するために、共同購入とか共同販売、共同価格設定が許されている「合法カルテル」だ。また生コンという素材にはあまり遠くには運べないという特性もあり、地域性が強くなる面もある。

そこで足立君は同日の経済産業委員会で、大阪における生コン価格に問題がないか、政府側に質問してみたのだ。ここからは、当時の議事録を見てほしい。

（適宜改行を調整、〈〉内は補足、発言者の肩書きは当時のもの、以下同）

足立　〈生コンの〉価格がとにかく異常な上がり方をしています、特に大阪で。大阪で生コン価格が高騰しているという御認識はありますか。

恒藤晃《つねとうあきら》 **経済産業省大臣官房審議官**　生コンクリートの価格につきまして、建設資材の単価等を調査する団体の調査によりますと、お尋ねの大阪市におけます生コンクリートの価格は、直近四年程度について見ますと、全国主要都市の平均価格を継続して上回っておりまして、最も大きなときで三割程度高い状況にございます。

足立　（中略）建設物価という、物価本というのがありまして、公共工事とかの調達に絡んで、幾らぐらいで各地域で推移しているかというものがありますが、国交省から、こういうものに基づくとどんなふうに見えるか、御紹介ください。

笹川敬国土交通省大臣官房審議官　（前略）公共工事におきましては、予定価格は取引の実例価格等を考慮して発注者が定めることとされております。

積算に用いられている、先ほど委員御指摘の建設物価によりますと、大阪の生コンクリート価格につきましては、五年前の平成二十九年十一月号では一立米当たり一万五千八百円だったものが、最新の令和四年十一月号では一万八千八百円、五年間で約一九％の上昇となってございます。

足立　（前略）その組合のホームページを拝見すると、一般的な強度の生コンの価格は、要は、足下で二万一千八百円、来年度は二万五千五百円までつり上げることになっているんです。いや、つり上げるって言葉悪いな。価値観が入っちゃいますが、すごい強気で上げていくわけですね。

ちょっと、この足下で二万一千八百とか、来年度は二万五千五百円とか、これ、どうですか。経産省それから国交省、それぞれ、物価本ではまだ一万九千円台なんですけれども。

大阪では、イン、アウトと言いますけれども、この協同組合のアウトはもうほとんどいなくなっています。ほとんど独占状態というか、そういう中で、物価本が正しいのか、広域のホームページが正しいのか、それはもし御見解があったら御紹介を。

笹川氏　大阪広域生コンクリート協同組合のホームページには、御指摘の数値が掲載されていることは承知しております。これは、契約交渉のベースとなる価格というように承知しております。

一方、物価資料に掲載されている価格につきましては、調査月における実際の契約価格を収集いたしまして、幅のある契約価格の中からその最頻値が採用されているというように聞いております。

したがいまして、協同組合のホームページで掲載されている価格と物価資料に掲載されている価格とは差が生じているということと存じます。

足立　この問題は、公共工事の発注はこれが参考にされて発注されているんですね。公共工事の発注はこれが参考にされているんです。だから、もし大阪広域〈生コンクリート協同組合〉が、さっき紹介申し上げたような形で価格交渉していったときには、しっかりとそこに合わせていかなければ、建設業者は挟まっちゃって大変な思いをすることになるわ

けでありまして、（以下略）

（中略）

足立　（前略）やはり、しっかりと〈生コンの〉実勢価格というものを、物価本も参考にしながらよくウォッチしていただきたい、このように国交省それから関係の団体には要望していきたい、こう思います。

問題は、公共工事の発注者が仮にしっかりとそれに追随していくと、取りあえず建設業界は何とかそれで回るということですが、仮に不当に価格がつり上がっているのであれば、誰が被害者になるかというと、納税者であります。だから、私は、これは本当に競争政策上の課題がないのかと。まあ合法カルテルなんだけれども、競争政策上の課題がないのかということを大変注視をしています。

今日、公正取引委員会にも、田辺局長においでをいただいていますが、公取委として、この分野、私は注目をしているわけですが、注目をしているとか調査しているとか問題があるとか、何か御答弁はありますか。

田辺治《おさむ》公正取引委員会事務総局審査局長　一般論として申し上げますと、独占禁止法第二十二条は、一定の要件を満たす組合の行為を独占禁止法の適用除外とする一方で、一定の取引分野における競争を実質的に制限することにより不当に対価を引き上げることとなる場合には、この限りではないというふうにしているところでございます。（中略）

足立　（中略）私は公取委にも、要は、競争政策というのは消費者利益なんです、消費者利益のために、要は国民の利益です、のためにしっかりと注視をいただきたいと思うし、経産省、国交省にもお願いしておきたいと思います。

ポイントは3つ。

・大阪の生コン価格は全国平均から見ても高い

・協同組合は法律に基づく「合法カルテル」であるが、何をやってもいいわけではない。競争を実質的に制限することによって不当に対価を引き上げることは認められない。

・仮にやり過ぎれば、間に挟まれた業者や、大阪の納税者に負担が行くだけなので、やりすぎんようにみんなでしっかり見ていきましょう、政府もよろしく見といてや。

……ということだ。まさに独占禁止法の趣旨そのものだ。大阪では2025大阪・関西万博やIR関連の土木、建築工事が進んでいる。大阪選出の国会議員が、納税者の目線から競争政策当局（公正取引委員会）を国会に呼んで質疑する。何の問題があるのか。

ところが、これに怒ったのが、大阪の「おやびん」こと松井一郎大阪市長（当時）である。そして、大阪広域生コンクリート協同組合の皆さんである。

政界マニア、維新の事情に詳しい方ならご存じだろうが、「生コン協同組合」は、松井一郎元代表とは昵懇《じっこん》の間柄、2023年12月にはそのことが週刊文春でも報じられている。

その「生コン協同組合」の幹部から松井市長や吉村知事に苦情が行ったようなのだ。松井一郎氏はこの時点で党の役職を離れているはずだが、自ら後継指名し代表となっていた馬場さんから、足立君は呼び出しを食らった。お前何してくれてんねん……というわけで、厳しい尋問が始まった。

足立君は、必要な価格転嫁以上のことが行われて納税者や消費者の利益が損《そこ》なわれている可能性があること、国会議員が政府すなわち公正取引委員会に注視するよう問題提起することは当たり前で、多数の陳情も受けている。何も恥ずべきことなどありません、とお答えした。

すると、馬場執行部は足立を処分するという騒ぎになった。党紀に違反しているという。

ちなみにこの時点は前述の代表選のおよそ3カ月後であり、今考えれば、すでに松井・馬場ラインによる足立攻撃が熾烈化していて、アホの足立君はその「好機」を与えてしまったわけでもある。

「生コン協同組合」と松井氏の間にどのような話があったかは承知しないが、松井氏からすれば、「わしの大阪広域」に手を出した足立を潰し、先方の顔も立てられる一石二鳥のええ機会や、というところだったのだろう。

しかし足立君の論点は、あくまで大阪の生コン価格が公正競争によるものであるかどうか、それに尽きる。生コン価格は公共工事の価格にも直接影響するのだから、身を切る改革をずっと実行し納税者や消費者の側に立つと言ってきた大阪維新の会の政策思想にも合致する。なぜ党が処分を出してくるのか全く意味が分からなかった。

そこで足立君は覚悟を決め、馬場代表にちょっと待ってくれと主張した。「生コン協同組合」がお怒りなら、私が自分で事情を説明してくるので、その後で検討してほしい、というわけだ。

こうして足立君は、単身……文字通り1人で、「生コン協同組合」本部事務所に向かった。

1人でやってきた足立君を迎えたのは、木村貴洋《たかひろ》理事長を始めズラーっと並んだ協同組合の役員のお歴々だった。ビビッていなかったと言えばウソになるが、でもひるんだら負けやし、こっちはこっちで納税者や消費者の利益を守るため活動しているんだから、国会でも述べた点を堂々と、そして丁寧に説明させてもらった。

その最後に、「ところで協同組合の組織率は、生コン以外の協同組合では5割以下、半分以下のことが多い。生コンの協同組合でも全国平均は66％。大阪の組織率はなんぼでしょうか」と質問した。すると先方は、98％と明言した。

もちろん、法的な判断は公取委に委ねるしかないが、ここまで説明した通り、中小企業等協同組合法の趣旨を考えると、98％はやりすぎである。通常、中小企業協同組合の組織率は全体の4～5割程度であることが一般的。あくまでも中小企業の公正な経済活動の機会を確保するためにカルテルが認められているのだから。


そんなやり取りをしつつ、互いに理解が深まり、私からも、これはあくまで1人の国会議員としてやっている仕事であって、業界のことはこれからも勉強させてもらうので、ひとまず党に言うのはやめてほしい、と率直にお願いした。これは党とは関係なし、一人の国会議員として向き合いたい、と要請したのだ。

すると皆さんは、わかったわかった、そうや足立さん、今度新年会するから来てや～とお誘いまでいただき、笑顔でお見送りまで受けて、生還したのである。

こうして「生コン協同組合」と足立君はひとまず「手打ち」となり、当日の議事録も馬場代表（当時）に提出し、一件落着かと思いきや、馬場執行部は予定されていた党紀委員会の当日、そのまま開くと言ってどうしても聞かない。

そこで足立君は木村理事長に電話をかけた。「理事長、えらいすいません。せっかくあやってお話しさせていただいたのに、やっぱり処分されるみたいなんです。新年会にもお招きいただいたのに、処分された人間がのこのこ出て行けません」

すると木村理事長は直ちに馬場代表に電話をして下さった。これは想像だが「足立さんが党から処分されるって聞きましたけど、私らが原因なんか？　足立さんとは話ついてますねん」と説明してくださったようだ。

するとあら不思議、党紀委員会の話は直ちに沙汰止みとなったのだ……。足立君からすれば、そもそも真っ当な国会活動を取り上げて所属議員を処分するという発想自体が間違っているんやけど、党紀委員会の開催ってそんな簡単に左右されるものなんか？　馬場執行部の底の浅さがわかるエピソードでもある。

長い説明になってしまったが、つまり松井・馬場ラインは、確実に足立君を刺せる口実を見つけたと思っていたら、思わぬ逆襲を食って、「未遂」で終わったのである。

足立君の罪状（3）「公職選挙法に触れるんちゃうん？ と真面目に指摘する」

しかし、馬場執行部は諦めたわけでは決してなかった。結果として、足立君の党員資格が停止され、今に至る状況につながる直接の原因となったのが、2024年4月の「衆議院東京15区補選」の選挙期間中に起きた事件だった。これは、今考えても、意外すぎる展開をみせた。

まず、ことの成り行きを整理しよう。

東京15区において、維新関係者が党の機関紙を配布している、という話が舞い込んできた。この行為が公職選挙法に違反しているのではないか、特に選挙に動員されている秘書団、地方議員、党員やボランティアの方たちから、恐ろしくて仕方ないという訴えがあった。彼ら彼女ら、特に秘書団は長年の経験があり、ある意味で国会議員本人よりも公選法をよく理解しているからだ。

この件で、4月18日、当時東京都選出の参議院議員だった音喜多駿君は、自身のX（@

otokita）にこうポストしている。

―選挙期間中、証紙が貼ってある「法定ビラ」以外にも配れるチラシがあるというマニアックな話―

「維新の陣営が、選挙活動の時間外（８時〜20時以外）に違反してチラシを配ったり、配れないはずの違法なチラシを配布・ポスティングしている！」

という事実誤認に基づくネガキャンをされているので、反論しておきます。

選挙期間中は、証紙の貼ってある法定ビラの他にも、政党・政治団体の「機関紙」を配布することができると、公職選挙法第２０１条15に規定されています。

ただし、「これは政党の機関紙です！」と強弁すればなんでも自由に配れるわけではなく、「告示の日前６カ月間において平常おこなわれていた方法」で行わなければなりません。

つまり、普段から（少なくとも直近６カ月間）政党として継続的に街頭演説やポスティングで政党機関紙を配布していれば、そのやり方を選挙期間中に続けることは問題ないよ、ということですね。

日本維新の会は常日頃から定例街宣を行って機関紙を配ったり、ポスティングを行っています。

なので、選挙期間中&選挙区内であっても、平時と同じ活動として、機関紙を配布することは違法には当たりません（総務省・選管に確認済）。

これも選挙において、無所属ではなく継続的な活動実績がある政党に所属する一つのメリットと言えます。

付言しますと、機関紙配布は選挙活動の諸制限を受けないので、8時~20時以外の時間帯であっても配布可能&運動員腕章も不要ですし、法定ビラではできないポスティングを行うことも問題ありません。

ただし、配布しながら特定候補への投票を呼びかけることはできません。

というわけで私も今朝は部会が始まる前の早朝6時~7時台に、門前仲町駅前で政党機関紙を駅前で配布する朝活を行いました。

「え、本物？なんで音喜多議員がいるの？」

「もう自民党だけは許せないの！　維新がんばって！」

「金澤ゆいさん、ずっと活動しているから応援しているよ」

と沢山のお声がけをいただき、ありがとうございます。

しっかりと法令およびマナーを守りながら、引き続き日本維新の会および金澤ゆい候補への支援を呼びかけてまいります。（原文ママ）

退屈な説明になってしまうが、音喜多君は公職選挙法の規定を読み違えていたのだ。この公選法の規定はつまり、選挙があろうとなかろうと、「通常」（法律では過去６カ月間）において「平常」通り発行されている党本部発行の機関紙本号は、そのスケジュール通り、いつもと同じ方法に限って配布しても構わない。反対に、そうでないなら配布してはならない、ということだ。

わかりやすい例で言えば、日本共産党の「しんぶん赤旗」や公明党の「公明新聞」は、日刊もしくは週刊だから、選挙期間中も普段通りのタイミングで発行していいし、普段と同じ方法で配達、配布して構わない。しかし、そうではないならアウトである。

日本維新の会の機関紙は季刊で、この補選から６カ月前に該当するのは「正月号」あるいは「昨年秋号」と考えられる。その機関紙を選挙中に選挙区内で大量に、しかも普段東京15区内で配ってはいない選挙のために動員された大勢の運動員が配る行為は「通常の方法」とは言いがたく、捜査当局から指摘されても仕方がない……という以前に法令を遵守する立場から到底ありえへん。

そこで足立君は、音喜多君のポストを引用しながら、以下の内容をXで述べた。

（前略）今回のビラが合法かどうかのポイントは、【直近六月間において平常行われていた方法で頒布しているかどうか】に尽きます。

音喜多さんのポストによると、大丈夫だ、ということですが、それが大丈夫かどうかは、直近六月間において平常行っていた者（15区支部関係者）にしか分かりませんので、正に、当事者の責任となります。ちなみに、明日の委員会後、私も応援に入りますが、私は、そうした方法で活動したことがありませんので、党機関紙の配布活動には加わりません。

本件は、法令遵守に関わる重要な判断ですので、党員支持者の皆さまには慎重な判断を行うことをお勧めします。

党として、動員している方々に、（平常行っていない方法での）機関紙配布を指示することは、控えるべきと存じますので、党内でも意見具申してまいります。

これを受けて、音喜多君と東京維新の会の代表でもある参院議員の柳ヶ瀬裕文《ひろふみ》日本維新の会総務会長は、足立君が公然と公認候補の選挙活動を妨害したとして除名処分にするよう意見具申し、党紀委員会を経て本当に「党員資格停止６カ月」の処分が下ってしまったのだ。直接処分を下したのは、幹事長の藤田文武君、そう、あのサンコイチだった藤田君である。馬場代表の言いなりなのは明らかだった。いや、この処分は藤田君が主導した説もある。

でも、待ってくれ。これが党批判なの？　なんで？

もっとも、馬場執行部からすれば、ネタは何でもいいので足立の動きを止めたい、足立を殺したい、ということだっただろうし、音喜多君は、前の政調会長で明らかに自分より仕事ができ、おのれの無力さが引き立ってしまう足立君がじゃまだったのだろう。

嫌われていることは百歩譲ってＯＫとしましょう。しかし足立君がこの件で言ったのは、「選挙がんばろうね、でも、公職選挙法のルールはこうだから、みんな注意してね」ということに過ぎない。法令遵守のための注意喚起。広い意味での公益通報だ。それがアカンのやったら、逆に、「公選法なんてどうせザル法なんやから、派手にせんかったらええねん。警察に見つからんようあんじょうやりや～」ってポストしたら褒めてくれるんか？　アホか！

足立君が、この件を決定的な「確信犯」だと見なしているのは、処分を党に具申した柳ヶ瀬君のリアクションだ。足立君の指摘が問題化したので、私は柳ヶ瀬君に、「文句があるなら、普段、正月や昨年秋に東京15区で機関紙を何部配ったかだけでいいから言うてみいや」と突っ込んだ。しかし柳ヶ瀬君は、「なんであなたにそんなこと言わなければならないんですかっ！」と言い残して連絡を絶った。説明したくないのかできないのか知らないけど、「通常の方法」を把握していないなら、どこまでOKでどこから違反の可能性があるかなんてわかりませんやん。それが説明できないなんてアホ丸出しや！　反省しいや！

（具体的なやり取りは、YouTube　240418衆院東京15区補選における政党機関紙本号の頒布に係る「通常の方法」に関する東京維新の会柳ヶ瀬選対本部長との電話音声（抜粋）https://youtu.be/YXf0hSV4MKI?si=9RSl5gaCZDq1-RDD を是非お聞きください）

大阪9区への刺客——足立クンへの「死刑宣告」

代表選への立候補、生コン価格に係る国会質問、公選法の遵守を求めるXポスト。3つの「罪状」を、これでも駆け足でご覧いただいた。

今こうして並べてみると、結局は足立君が松井元代表の制止を振り切って２０２２年代表選挙に出た時から、理由なんて何でもええから、はよ足立を殺せ！　という強い意志が働いていたと考える他にない。

足立君のもっとも反省しなければならない点は、それがある程度わかっていたなら、なんで虎の尾を踏むような余計なこと発言するねん、ということなのかもしれない。でもまさか、公職選挙法守りましょう、法律を正しく読んで、法令守るの大切やで、という注意喚起が党への批判と受け取られて党員資格停止になるのは、さすがに意外すぎ、斜め上過ぎる。

いかに機会をうかがわれていたとはいえ、なかなか足立君を殺すチャンスは来なかった。しかし思わぬところで、ダメ元でやってみたらうまいこと行った、そのうちに解散総選挙が来て、うまいタイミングで完全に葬り去った……ということなのだ。

実は足立君も、このころまでは、わずかな、かすかな希望を持ちながら、維新でがんばろうと思っていた。維新の党勢拡大こそが国家国民のためになると信じていた。

この間、自民党はいわゆる「裏金問題」で大揺れに揺れていた。政治が変わろうとしているとき、身を切る改革を訴え続け、政治と金の問題に厳しく真面目に対処してきたはずの維新が、自民党から離れる民意の受け皿になって政権に近づくチャンスのはずだった。だからこそ、やるべきことをやり、言うべきことを言ってきたのだ。変に突っ張らず、ごめんなさいって言って静かにしていれば党員資格停止にまではならなかったかもしれない。でも、そうはできんかった。

そんなつば迫り合いを続けていた足立君や維新執行部の面々の事情に一切関係なく、岸田前総理大臣は突然、次期自民党総裁選に立候補せず退任を表明し、政界は石破新総理総裁爆誕、そして総選挙へと怒濤のごとく流れていく。2024年6月1日に下った足立君の党員資格停止期間は6カ月で、字義通りであれば12月1日までなのだろうが、総選挙は10月15日公示、10月27日投開票となったため、少なくともこの時点で足立君は日本維新の会の公認を得ずに無所属で立候補する覚悟を決めた。

しかし、馬場執行部は、ついに足立君を至近距離で確実に撃てる好機がやってきたと捉えた。

大阪9区に、新たな公認候補、つまり刺客を立てる、というのだ。しかも、10月6日になってである。

維新は、勢いのある大阪の各選挙区では比例重複立候補をさせない方針を決めたにもかかわらず、大阪9区だけは唯一の例外として維新候補に重複立候補を認めるというサービスぶり。

ここで足立君は、スパッと撤退を、そして引退を表明した。

まず、刺客よろしく公認候補として大阪9区に送り込まれ、見事初当選を果たした萩原《はぎはら》佳《けい》議員。当選おめでとう。

彼は、私の地元、茨木市議から茨木市長選を目指していた。市議のころから応援してきたし、市長になるためのサポートもしてきた。だが、なかなか支持が広がらず後援会も結成できなかった。市長を目指すのであれば「萩原けいを市長にする会」くらいつくるようにアドバイスしたが、どれだけ待っても、人が集まらなかった。演説やパフォーマンスの魅力がどうしても伸びてこなかった。

足立君が東京15区補選でどえらいことになりかかっていた2024年4月、茨木では市長選挙が行われ……るはずだったのだが、立候補したのは現職のみ、無投票当選となった。なぜなら、萩原君の出馬を、吉村代表率いる大阪維新の会が認めなかったからだ。つまり、どうしても出たくてがんばってきたのに、公認をもらえなかったのだ。

この時点では、萩原君は、さらに4年後の市長選に維新公認で出たいという心意気だった。もちろん、そのファイティングポーズは大切だ。でも、今回公認をもらえず不戦敗だった自分の政治家としての実力を反省せなんだら、4年後だってあやうい。足立君は、このままではあかんで、もっと頑張りや、もうちょっと仕事しいやと励ました。支援者から4年後どうするかと聞かれれば、ゼロベースで考えるとお答えした。

すると萩原君は、その後公式X（@hagihara_kei）でこんなポストをした（2月26日）。

なるほど。

僕ではあかんという話を広げてるんかー。

残念やなぁ。

いわゆる「エアリプ」（独り言）というやつである。

私としては、これからも微力ながら手取り足取りサポートする気持ちだった。もっとも、それはこちらの勝手な思い込み、おせっかいで、萩原君にとってはありがた迷惑の類いだったかもしれん。

でも、たった数カ月前に市長候補の公認を取れなかった彼が、まさか党公認の衆議院議員候補、しかも比例重複のおまけつきで送り込まれてくるとは想像できなかった。あの、読者の皆さん。世の中ってホンマ恐ろしいですよ。結局、身内が一番怖い！

それでもひるまず、初志貫徹して立候補することもできただろう。しかし、ここで足立君が立候補すれば、今まで足立君を支え、たとえ無所属でも、刺客がいても、応援すると言ってくれる方々の立場は一挙に複雑になるし、離党して足立康史と行動を共にすると言ってくれる地方議員の仲間も、困難な道を歩むことになる。足立君が頑張れば頑張るほど、地元に深刻な分断、疑心暗鬼、修復しようのない禍根を長い間残すことになる。

私は、自分のふるさとである地元の人たちの心が引き裂かれ、「焼け野原」になるのを見るのがどうしても忍びなかった。そのためには、自分が立候補を取りやめるしかないという結論に至った。人生でも指折りの重要な決断だったが、妙に頭はさえていて、荻原君公認内定の一報から、二、三時間で撤退と引退という結論を出した。

そして、自分のXで、引退を表明した。このポスト、四百四十万ビュー、四千リツイート（リポスト）を獲得した。変な話だけど、足立君にこんなに注目していただいていたことには、率直に驚いた。事後報告になった後援会はじめ支援者の皆さまには申し訳なかったが、刺客擁立に関する党からの記者発表に先んじて足立康史の意志を示したかった。ここはご容赦を賜《たまわ》りたい。

マスコミや他党の方からじゃんじゃん連絡をいただくなかで、萩原君を含め維新の関係者は完全にスルーだった。まあ、それはそうやろう。

そんな中、同じ大阪9区の自民党支部長で、今回残念ながら落選した東田淳平さんから、わざわざ電話をいただいたのは印象深かった。彼が自民党の支部長になったということは、その時点では足立康史と選挙で戦うことを意味したわけだが、地元行事やイベントなどで挨拶し、お話をさせていただくうちに、本当に優秀で、地元を愛する公平な人物だと感心していた。そんな東田さんから、「お疲れ様でした。分け隔てなくお付き合いくださり、そして、ご指導いただきありがとうございました」とお礼を言われたのは、ちょっとだけぐっときた。誰の目にも党から殺された状態の足立君に、今さらそんな義理立てせんでもいいのにな。東田さん、これからもお元気でご活躍ください！

萩原君は、そんな東田君を破って当選したわけだ。では、萩原君の政治家としての魅力がたった半年でギャイーンと上がったかというと、そういうことではないだろう。突然刺客に適任だと馬場執行部から白羽の矢が立ち、その上石破政権の都合で超短期決戦となったことで、演説のまずさ、アピール力のなさを、大阪維新の会のネームバリューで補えたというのが冷静な評価なんちゃう？　まあ、荻原君も体に気いつけてがんばりや。自分の出身である税理士以外にも、支持が広がるといいですね。知らんけど。

足立クンと「相打ち」になった馬場前代表

こうして、馬場執行部以降の２年間、ついに馬場代表、藤田幹事長、そして音喜多政調会長は、なかなか死なない足立康史を殺すことに成功した。足立君は、たかが維新、されど維新、という思いでがんばってきたけれど、最後は背中からズドンズドンズドンとダメ押しの三連発を食らった形になる。

ところで、殺されていったのは足立君だけではない。何だかよくわからん言いがかりで、渡辺喜美《よしみ》さんも、鈴木宗男さんも維新を追われた。渡辺喜美さんとは『アホばか列伝』でも書いたとおりいろいろとあったけれど、足立君が最初に政界に転じた際にお世話になった「みんなの党」を創設した方だし、無役引退となった今、ここ15年の第三極を振り返りながら、率直な反省を述べておられて、とても勉強になる。鈴木宗男さんも自民党時代から評価の分かれる政治家であることは間違いない。しかし、誰にもできるわけではない大仕事のできる政治家だ。その個性やスケールが維新と合わなかったのだろうが、追い出される経緯が足立君と似ていて、鈴木さんから「いやぁ足立さん！　足立さんも追い出されちゃったな〜！」と電話をいただいたときには、ありがたさと同時に、ちょっと笑ってしまった。本当にその通りだからだ。このいきさつは、維新の面々に大反省を促す次の章でも触れたい。

でも、考えれば考えるほど、足立君を殺した犯人は、やはり馬場前代表だと考えるほかない。足立君は馬場執行部を批判したつもりはなく、維新みんなで維新の政策を実現するために、クリーンにがんばりましょうと言い続けただけなのだ。ほおかむりして、馬場執行部の不正を見過ごすことなど、到底できなかった。

2023年12月、臨時国会の最終日に、馬場代表と膝を突き合わせて、パーティーは全面禁止すべきだ、と進言したら、「あかん。嫌や」という。なんでですか？　と聞き返したら、「いやいや、秘書の生活があるやん、秘書を養わなあかん」というわけだ。

そんなん、政党交付金でどうにかなるでしょう。代表や役員の事務所は人手もたくさんかかるから、傾斜配分したらええですやん。そしたら、馬場代表は「交付金なんて、いつまで今のままあるか分からへん」と仰る。

はあ？　アホちゃうかこの人。あんた何のために政治してんねん。自分の事務所のスタッフ食わすことが第一の目的なんか？　政治って商売なんですか？

さすがに面と向かっては格調高く、そういうのは維新のお金の使い方としてふさわしくない、自民党の裏金問題を考えても、もうパーティーはやめるべきだと進言しても、聞く耳を持たないばかりかますます関係は悪化してしまう有様だった。

日本維新の会が本来のクリーンさを大切にできない政党に成り下がったのなら、もう仕方がない。まあ足立君は殺されたけれど、結果的に総選挙で「戦犯」になった馬場代表と「相打ち」、道連れにできたことは、ささやかな維新への贈り物になったと信じたいが、新体制も、どうも心もとない。立憲もびっくりの万年野党化しはじめた維新は、もう潰れるべきなのかもしれない。

総選挙、新執行部スタートを経て新生したかに見える維新に巣食う人々への猛反省宣告は、まだまだたっぷりあるで〜。次の章を楽しみに待っといてください。

あわれ「幽霊」と化した足立君はどこへ行く？

さて、戦国時代なら馬場執行部の手で打首獄門、張り付け市中引き回しの電気椅子（？）くらいになっていたであろう足立君だが、大変ラッキーなことに政治家になったのは21世紀の日本である。政党内では殺されたが、命までは奪われず、こうして一市民一国民の足立君として今日もどうにかご飯を食べている。

最近は、「足立さん、『引退宣言』なんて言ってますけど、シャレなんでしょう？　本当は何か次の手を考えているんじゃないですか？」と聞かれる。ご期待はありがたいものの、その答えはちょっと複雑なんですわ。

足立君自身、今、何ができて、何がしたくて、何をすべきなのか。

そして、日本や世界の状況がどう変わって行くか。

そのマトリックスの中で、足立君は皆さんのお役に立てることをして生きていきたいという思いには変わりはない。今なら、この本を書くことだって、それに該当するわけだ。

・フェーズ1……大阪で生まれた国政政党に希望を見出し参加、党勢拡大に貢献した
・フェーズ2……オーナーが引退するに伴い問題が顕在化、党内で是正を試みた
・フェーズ3……追い出されたので、是正を断念し、一国民として解党を求める

政治家・足立康史の12年間はこんな感じだが、ほんなら、フェーズ4は？　こうやって

本や記事を書く？　マスコミに出る？　Ｘにポストしたりネットメディアに出たり、何なら作ったりする？……どれも試みているし、ニコニコチャンネルプラスで「足立康史の政策・政局解説チャンネル」も始まった。ぜひ一度ご覧いただきたいが、今後の行方という意味では正直、まだ定まっていない。

この間、いろいろな方からお声がけをいただいたりもしていて、ありがたい限りである。なお、共産党からお誘いがあったらそれはそれでネタになるので話くらいは聞いたったのに、お声がけはいまだいただけていない。引き続きお待ちしていますよ！

そして、日本と世界の状況を足立君がどう考えているかも、ここで簡単に触れておこう。キーワードは「漂流」である。日本の政治もたいがい漂流していて、これからどうやって政策が決まっていくのか、次の選挙はいつあるのか、こうした不安定な状況は何回選挙をしたら落ち着くのか、何年かかるのか、全く見えない状況だ。

かつての自民一強レジームは自公レジームになって四半世紀続いてきたが、今回それが崩壊した。思えば冷戦構造が崩壊したのは91年、細川連立政権は93年である。こういうのって、リンクするんですよ。

そして、今や世界もまた別の意味で混乱し、漂流している。プーチン・ロシアとウクライナ。トランプ当選で変わるアメリカ中心の秩序。米中対決と北東アジア情勢。ＮＡＴＯとロシアの対立。いかに維新がアホ丸出しでお気楽な殺し合いをしていようと、いかに石破総理がスマホをいじっておにぎりを汚く食べようと、そんなことはお構いなしに世界はどんどん混乱していくし、日本も否応なしに巻き込まれていくのだ。

強引にまとめてしまえば、今やすでに「動乱の時代」、「乱世」が始まってしまったのだ。日本の政界も、世界情勢も、こうした混乱がいつまで続くのか、誰も分からない。今年、何かが見えてくるのか、それとも5年、10年、30年続くのか。だれにも分かれへん。戦国時代だって、まさか１５０年近くも続くなんて、応仁の乱の頃は誰も思ってなかったでしょう。

この中で、どんな新しい光をつかみ取っていくのか。まだ考えている最中というのが正直なところだ。この本を書き終わる頃に何か見えているかもしれないので、「おわりに」までちゃんと読んでや！

こうして足立君は殺された。しかし、少し時間がたった今、むしろ殺されてよかったと思える自分がいる。

もう今の維新でできることはない。逆に、できることは、原発やエネルギー政策にしても、デジタルや社会保障の問題にしても、提起すべき政策論はあらかた出し切った。霞ヶ関で21年仕事をした行政の実務家としての力も、今の堕落した維新ではすでに使いどころがない。

もうやることないんやから、むしろ、殺してくれてありがとう、というくらいのものである。殺されて、ちょうどよかったんや。

今は、とてもすっきりした、清々《すがすが》しい気分である。

でも、足立君は殺されても、怪獣ヒドラのごとくよみがえる。与党も野党も主導権を取れない、混迷のハング・パーラメント（宙づり議会）の中で、どこからひょっこり顔を出すか、誰かに爆弾投げるか、分からへんで！

第2章

日本維新の会
おもろうて
やがて悲しき
万年野党

——自滅自壊へのカウントダウンが始まった

吉村代表×まさかの前原共同代表！

ここからは政党ごと、そして主要な政治家ごとにまとめていく。みんな足立康史と一緒に、日本の未来のため、深く実のある反省をしていきましょう。

最初はもちろん、予告通り日本維新の会である。

2024年10月の総選挙で「大惨敗」——足立康史を見事に殺し去った馬場執行部の手腕は、有権者には通じなかった。それも当然だ。そっちに行ったらアカン、こっちやで！って忠告し続けた足立君を追い出して、維新は古い自民党顔負けの保身の政治を繰り広げたんやから。国民をバカにしたらしっぺ返しを食らうのは当然や。

その話は後でたっぷりするとして、敗戦の責任を取って代表戦不出馬を表明した馬場伸幸代表の後任を選ぶ代表選が同12月に行われ、ご承知の通り吉村洋文《ひろふみ》大阪府知事・大阪維新の会代表が、事前予想通り約8割の圧倒的な支持で選出された。いろいろな意味で問題ありだが、足立も大人である。まずは心からおめでとうございますと言うておきます。

しかし吉村新代表、もはや清々しい。就任早々、「野党第一党は目指さない」と路線変更宣言をした。私には堂々の「万年野党宣言」にしか聞こえない。馬場執行部でさえ口にしなかったことを、もう公言しているわけだ。

個人の項でも述べるけど、まず、吉村さんには国政政党「日本維新の会」の代表は荷が重い。地域政党「大阪維新の会」の代表として、その任期を全うすべきだった。多くの維新関係者は内心気づいているだろうけど、気づいていても口には出しにくいのだろう。

なぜなら、吉村代表は地域政党・大阪維新の会さえもまとめきれていないし、大阪府知事としても課題がある。新代表になってからも、思いつきでウケの良さそうなイシューを、実効性や具体性の伴わないポエムに仕立てて、さわやか笑顔で問題提起しているが、いずれも論点を外しまくっている。ネットでは、西の小泉進次郎だとか、音喜多化しているとか、散々である。

吉村さん、代表選の間、急に「パーパス（意義、志）」やって言わはったけど、どういうこと？　次世代の政党とか、道州制とか、飲み食いなくして永田町文化を変えるとか、どれも具体性がなくふわっとした高校生レベルのポエムでしかない。そういう話は「青年の主張」あたりでされたらええんちゃう？　いやでも、パーパスってなんやねん。お湯でも沸かすんか。

代表就任後、注目を集めるためなのか、早速「社会保険料を下げて手取りを増やす」とか言い出してますね。いや、みんなあほちゃうから、そうできたら素敵なのは誰だって分かってますよ。問題は、国政の場で、それをどうやって実現するかの解法でしょ？　税を財源にするんですか？　給付を減らすんですか？　考えて発言していないのがバレバレですよ？　後でたっぷり批判するけど、高校授業料「完全」無償化とか、国政の場では誰も相手にしませんよ。

まだ始まったばかりだが、ご覧のようにこれからの維新は、立憲のように、れいわのように、そして最後は社民党のように、何も根拠や具体性、実効性を伴わない政策風味のスローガンを、ええかっこして言いたい放題叫ぶだけの政党へと、ますますなり下がっていくのだろう。もう止められない。皆さんも諦めてください。

吉村代表には、しかるべき経験や政策を作り上げていくセンス、判断力が決定的に不足していて、まともな部下もブレーンもいない。言うならば「汗かいて仕事してる感」を醸し出すことだけに成功した政治家である。当然日本維新の会の今後には期待できない……あ、ちょっと待って。維新はなくなるべきだと思う足立君の立場からすれば、むしろそれでいいのか。「吉村さんその調子でがんばれ！　迷わず行ったれ〜！」って応援するべきなのか？　まだ頭が混乱するわ。

というのも、吉村執行部の人事が意外にも（？）悪くないのだ。

幹事長の岩谷良平議員。統治機構改革にこだわっていたところ、昔のよかった頃の維新っぽくていいですね。東京維新からは総務会長の阿部司《つかさ》議員。どこかの音喜多さんと違って、権謀術数から遠いところにいる誠実で素敵な方です。執行部の大阪色を薄めるためだけに使われんよう気をつけてな。

かつては足立も担った政調会長の青柳仁士《ひとし》議員。どこかの音喜多さんのインチキ改革プランを喝破した実力のある政治家です。そして、国対委員長に就任された漆間《うるま》譲司《じょうじ》議員。選挙区の変更で池田市での仕事を引き継ぐ際にもお世話になったが、地元を大切にし、演説が上手で面白く、本当に魅力あふれる政治家です。大阪９区の萩原佳議員、足立亡き後は漆間議員を見習ってください。皆さん、吉村さんの政策はどの道無理筋なので、壊れん程度に、ほどほどにやってくださいね。

しかし吉村代表、若手から選んだら結果的にこうなっただけなんか知らんけど、人選はなかなかやるやんな……と思っていたら、多少予想はしていたものの、一番大事なところで爆弾が炸裂した。

共同代表・前原誠司議員！　来ました。この展開、待ってたで‼

まず、真面目な話から。吉村代表には国政経験がごくわずかしかなく、永田町にも、国政維新にも、人脈はおろか人望もない。というより、国政政党の代表としてはかっこつけてしゃべるくらいがせいぜいで、何をすればいいのか、何をしたらあかんのか、全く分かっていない状況だ。

ここで渡りに船なのが、同一会派を経ていつの間にやら維新にやってきた、党首・大臣経験者、同じ「教育無償化論者」の前原議員である。吉村さんは飛びついていきなり共同代表に「指名」してしまった。自分はええかっこできることだけ言い放って、細かい話は前原議員に丸投げする気満々なのだろう。

念のため申し添えておくが、維新の国会議員団の代表はまず両院議員総会で決定し、その人物を党代表が指名するという規定がある。勝手に指名はできないのだ。吉村代表、それが頭からきれいに吹き飛ぶくらいに前原氏に飛びつきたかったのだろうけど。どうなん？　そのガバナンス。国会議員の代表たる共同代表は総理候補なんだから、その総理を大阪府知事が選んでしまったら、総理より上位の知事がいることになるのん分かってますか？　ガバナンスはパーパスよりずっと大切ですよ。

ともかく、松井・馬場ラインに代わるのが吉村・前原タッグというのも、足立にはほとんどギャグである。おもろすぎて笑いすぎて、悲しくさえなる。

吉村・前原タッグの話は、それぞれの個人項目で深掘りしていこう。

勝てるはずの選挙で「大敗」した維新

ところで、吉村新執行部が誕生した理由は、馬場前代表が涙ながらに退任する理由となった2024年10月総選挙での大敗があったからだ。

石破新政権誕生、そして解散・総選挙となった理由は、いわゆる「裏金問題」を主とした自民党への批判、支持率の低下である。

ところで、総選挙の1年くらい前を思い出してみてほしい。内情はさておき、もしも自民党が「政治とカネ」で低空飛行を余儀なくされたら、自民党を見限った人の多くは、維新に流れてくると考えるのが自然だった。立憲に流れる人もいるだろうが、そうした人たちはもともと層が違う。保守的な傾向を持っていて、政治とカネの問題に義憤があるなら、ほとんど維新一択だったはずだ。

しかし現実は、そうならなかった。

比例の得票数で比較すれば、前回総選挙（2021年）で805万票を獲得していた維新は、なんと300万票減らして510万票に沈んだのだった。300万票ですよ！　減少率で見ると、「張本人」の自民党がマイナス26・77％なのに対して、維新はなんとマイナス36・59％、どこの党よりも大きく票を減らしての「惨敗」だった。

いや、逆に3割増、5割増、倍増くらいできたはずだったのでは？　少なくとも1年前だったら、その可能性も十分あったはずなのに。自民党の受け皿、保守二大政党を作る絶好のチャンスだったはずなのに。

選挙当日、関西テレビの選挙特番に呼ばれた足立君は、その点を直接馬場前代表に問うた。すると「大阪では勝ったで」と誇らしげだったが、足立君があれほど避けたかった「焼け野原」は、皮肉にも別の形で、大阪以外に広がってしまった。かわいい音喜多君なんて東京のど真ん中で恥さらしした。まあ、音喜多君は馬場執行部の一員でもあったのだから、自業自得なんだけどね。

足立君も感情的になっているかもしれないので、客観的な数字も見ていこう。

足立が密かに楽しみにしているXのアカウントがいくつかあるが、その一つが、各社の世論調査をグラフ化している「しよん」さん（@civic_rights）である。皆さんも一度覗いてみてください。

今回の総選挙で思わずうなってしまったのが、いわゆる「選挙ブースト」の推移だ。選挙ブーストとは、選挙が近くなると無党派層が特定の政党を支持し始めるため、政党支持率が上昇する現象を指す。日本維新の会の支持率は選挙のたびにブーストしてきた。しかし、昨年の10月だけは例外だった。選挙ブーストしたのは立憲民主党と国民民主党であって、維新はまったく動かなかったのです。

２０２３年には立憲を一時ぶち抜いていた維新の支持率だが、２０２４年、あれほど解散総選挙風が吹き荒れている中でも、それまでは常に起きていた選挙ブーストが全く見られず、むしろ右肩下がりで落下していった。傾向が大きく変わったと言わざるを得なかった。

一応足立君は、この時点ではまだ維新の内部にいた。ここ数年の維新の雰囲気は選挙ブーストを当然視し、基本、楽観的だったと言える。うちら支持率は心配せんでもええ。まあ有権者なんてどうせ政策わかれへん、うまいことイメージ戦略だけしといたらええんや……。そんな楽観、あるいは傍若無人ぶりが、初めて裏目に出たのが昨年の総選挙だったのである。

維新は「第二自民党」だった

その理由はズバリ、維新が結局、自民党と大して変わらん、「第二自民党」だったということがバレてしまったからだ。そして、その見方は正しい。

なぜなら、維新はもともと自民党が分裂して生まれたからである。大阪で松井一郎氏が自民党と袂を分かち、橋下徹氏とタッグを組み、松井氏を支持する自民党出身の人たちが集まってできたのが大阪維新の会だからだ。選挙のやり方も、カルチャーも、自民党そのもの。安倍政権、菅政権時代に自民党とつかず離れず、いい関係を作ってきたのも、もともとが自民党、言うなれば「自民党松井馬場派」だったからだ。

この点は、1999年以来自民党と連立を組んでいる公明党と比較するとわかりやすい。すでに四半世紀以上自民党に寄り添っているかに見える公明党だが、決して自民党に溶けることはない。その様子は、時々不安定になる自民党を支える「杖」「つっかえ棒」のような存在である。杖は、支えている本体と物理的に一体になったりはしませんよね？

もしも維新が公明党のポジションにあったら？　あっという間に、にゅるっと自民党本体に取り込まれて同化すること間違いなしである。

だって、もともと自民党なんだから。

何なら、やはり大敗して困っている自民党が維新の議員を一本釣りすれば、ホイホイ行ってしまう可能性もある。自民はふるさと、抵抗感がまるでないんだから。

では、この実態がなぜ世間にバレてしまったのか。足立が考える直接的原因は、2024年の通常国会会期末、馬場代表と岸田総理総裁（当時）が「政策活動費」の10年後領収書公開などで合意したことにつきる。しかし、最終盤で結果的に合意は「反故《ほご》」にされた格好（少なくとも維新は、だまされたと装った）になり、馬場執行部は反発するが時遅し。有権者には、政治とカネにうるさいと思っていた維新も、結局はズブズブのヌルヌル、自民党の劣化版やったんやなあという秘密が、白日の下にさらされてしまったからだ。

この顛末に関して、松井一郎氏は馬場代表を擁護したが、もう一人の創業者、橋下徹氏は徹底的に批判している。このあたりの微妙さは、それぞれの項目で猛反省していこう。

▼馬場伸幸（&藤田文武）――泣くことしかできなかった「堺のミニミニプーチン」

衆院5期。日本維新の会国会議員団前代表、元幹事長。中山太郎元外相の秘書を経て自民党から堺市議、同副議長、議長を歴任。10年大阪維新の会結成に参加、12年衆院初当選。

橋下、松井には圧倒的に劣る知名度

そもそも論なのだが、国政維新の代表、幹事長が誰だったのか、馬場伸幸議員が代表、

幹事長だった当時、大阪以外では多くの人が答えられなかったに違いない。

東京の人にしたら、ああ……あの、維新のおじさん誰だっけ？　くらいの知名度だっただろう。

馬場議員には、卓越していることもあるが、不足している要素が多すぎる。そのために目立たない、あるいは目立てない議員人生を歩んできた。党内ではがぜん力を発揮するが、一般向けに顔を売ることができなかった。

馬場議員を一応褒めておこう。高卒で中山太郎議員（自民党、衆院7選、参院3選、外務大臣などを歴任、2023年没）の秘書からスタートし、政治家に転じて自民党の堺市議、同副議長、議長を20年近く歴任した後で大阪維新の会に参加。衆院当選以来、現在の日本維新の会に連なる流れの中で、国対委員長、幹事長、代表を歴任して現在に至る。

要するに、丁稚奉公から上り詰めた、叩き上げである。

同じく2012年に維新から初当選した足立君が見るに、馬場議員のスタイル、あるいはキャラクターは「プーチン」型恐怖政治である。ケツをなめてくる子分は大切にするが、自らのライバルになりかねない存在、意見してくる人間は、問答無用、執拗に攻撃し、叩き潰し、追い出していく。

多くの政治家が消えていった。堺の市会議員だった池田克史《かつし》さんも、馬場議員の軍門に降っていたのなら逆に守られただろう。そして、前述の渡辺喜美、鈴木宗男、足立康史——意見する人間、忠言進言してくる人間は、その内容ではなく「刃向かってきた」という事実だけで捉えて処断し、自分が独善的な運営をするために権力を欲しがるわけだ。まあ、そこまでやりきる手腕には、一応敬意を表しておこう。

ただ、あくまで軸が自分にしかないため、公党としての維新、有権者や支持者、国家国民のことなどは、自らの独裁マネジメントの前では大きな意味をなさず、後回しにされていくことが徒《あだ》となった。そこを有権者に見透かされ、選挙で「惨敗」したのだ。

では、馬場議員に不足している点を、順に指摘しておこう。

まず、繰り返しになるが外面が地味なこと。天下国家より自分の事務所経営の方が大切なんだから、まあ当たり前やな。

次に、政策の中身がなく、議論をしていても深みがない。そしてボキャブラリーも貧困なこと。当然、国会議員、公党の代表として持つべき国家観もない。権力闘争以外何もできないし、そもそも興味もないのだろう。

代表退任の会見で馬場議員は涙を流したという。その理由を問われて「しんどいこともあったが、楽しいことも多かった。9年間のことが走馬灯のように頭を今、回っている状態ですね」(産経新聞、2024年11月29日)と説明したそうだ。ネット番組で涙について問われた馬場さんは「あれは泣いていたんじゃなくて大きな虫が二匹飛んできて目に入ったから取ってたんです」とボケてられましたが、コメント欄には「大きな2匹の虫って橋下さんと足立さんのことか」と書いてあって笑ってしまった。一緒に仕事をした当選同期、同年代の大人としてお疲れ様でしたとは申し上げておきたいが、この涙は党や同志、支持者に申し訳ないとかいうことではなく、30年以上戦ってきた権力闘争の世界で初めて敗れた自分自身への憐憫から流れたものではなかったか。馬場さん、泣く暇があったら反省したらどうでしょう?……って、まあせえへんわな。

演説原稿、足立が書いた場合、書かなかった場合

馬場議員の中身のなさをなぜ足立が刺せるのか。その理由は、サンコイチ時代、足立は馬場議員の中身のなさをフォローすべく、粉骨砕身働いていたからだ。

指摘したとおり、馬場議員は、内輪では強権をふるって同志をマネジメントすることに長《た》けているが、外に出て、自分の言葉で政策を語ることが苦手である。しかし、国政維新

の代表としては、代表質問を始め国会で主張し、論戦をしなければならない。

そこで足立は、馬場議員のスピーチライターを長年担当していたのだ。本会議での代表質問から憲法審査会での意見表明まで。

足立君が代表選に立候補して粛正対象となった後は、音喜多駿さんあたりがその役目をしていたのだろうが、我ながら、クオリティが全然ちがっていました。

私のあとのスピーチは平板で起伏のないスピーチ、押しつけがましいアピール。維新の議員たちも、どこで拍手していいのか分からないまま、スピーチが終わってしまう有様だった。馬場議員も音喜多さんもそうだが、権力が好きな人は、赤絨毯の上で他党のトップと握手している自分に酔い、代表質問や憲法審査会で何を述べ、相手から何を引き出すかよりも、そこに立ってなんかしゃべっている自分が気持ちよくてたまらない。それが、彼らが国政に関わっている最大の目的なのではないか。だから、中身がないのである。

8番、キャッチャー、馬場

「8番、キャッチャー、馬場」というのは、馬場議員自身が述べていた自分の姿、あるいはアイデンティティーである。

要するに、自分は先頭打者でも、花形の3番、4番でもなく、ましてピッチャーやショートでもなく、地味にナインを支えるキャッチャーとしてポジションを得ていて、打力も弱いから8番だ、と認めているわけだ。この点はとても正直ですね。

馬場議員は、もともと代表、つまりピッチャーであったり4番打者であったりするはずのポジションを器でもないのに無理に担い、空振り連続、走塁ずっこけ、ボール球や暴投連発で肩を壊したわけだ。8番キャッチャーがマウンドに上がってしまった。自分の権力欲のせいで自分の株を下げるのはいいが、公党のパフォーマンスを下げ、下手に出てくる子飼いをかわいがりながら、同志をスポイルしていった責任は大きい。

その子飼いの代表例が、足立に党員資格停止処分を出した藤田文武前幹事長だろう。お皿洗ってケツなめて、幹事長になってもろくなことが言えない。当たり前だ。自分自身の言葉でいらんことしゃべったら馬場プーチンに嫌われて足立君のようになってしまうからだ。記者もその点をよく知っていたし、テレビで各党のコメントを順に流す際も、藤田さんのコメントは長いだけで中身がなく編集に苦労していることが透けて見えていた。

藤田議員……私と一緒に「日本大改革プラン」を作っていた頃は輝いていたのに、いつの間にか8番キャッチャーのケツをなめているだけのブルペン捕手の存在になってしまった。藤田議員については、ここで1人分の項目を立てるほどの価値もない。馬場議員とセットではじめて存在し得た議員だったのだ。

話を戻そう。馬場議員にも、ちょっとだけ同情できる部分はある。馬場さんはプーチンだが、ロシアの本家プーチンとは違い、しょせんは大阪維新の会の傍流、堺のミニミニプーチンに過ぎない。堺を馬鹿にしているのではない。大阪維新の会が大阪市中心主義なのだ。結局、馬場さんは権力は大好きだが基盤は弱い。その上自分の実力が「大統領」レベルではなく、「8番キャッチャー」であることを知っている。そんな地味な馬場議員が、松井一郎氏のために代表に据えられ、矢面に立って自ら恥をさらし、国政維新の惨敗を招いて涙を流す姿に、殺されて幽霊と化した足立君も少しだけ、小さじ1杯くらいは心が痛む。同時に、馬場議員を後継に指名した松井一郎氏の責任は非常に大きいと言わざるを得ない。

足立クンへのジェラシー？

「維新・馬場伸幸代表による社会福祉法人〝乗っ取り疑惑〟創設者の前理事長が『なんで馬場が…』『絶対許せへん』悲痛告白」という週刊文春の記事（2023年8月10日号）をご覧になった方もおられるでしょう。

本件については、訴訟にもなっており、私も週刊誌以上のことを知りようがないので触れるだけにしておくが、ポイントは、最初は日本維新の会という党として名誉棄損で提訴したが、裁判所から、いや、これ党と関係ないでしょう？　個人でやりなはれ、と言われ、馬場さん個人で提訴し直しているんだそうです。詳細は、文春の記者さんが足立君のＹｏｕＴｕｂｅチャンネルあだチャン「あだトーク２」で話しているので、ご関心の向きはご覧あれ。

最後に、馬場議員が幹事長になったばかりの、まだサンコイチ時代の話。年が明けて通常国会が始まり、馬場、足立の順で本会議場に入っていったら、安倍晋三総理大臣とばったり会った。微笑を浮かべ、国政維新を代表している馬場幹事長と儀礼的な挨拶を交わす安倍総理。しかしその横にいた足立康史を見つけると、総理は破顔一笑、手を伸ばして握手を求め、「いやあ足立さーん！　今年もよろしく！」と大きくリアクションをされたのだった。その落差が、あまりにも大きかった。

故・安倍総理との思い出は、自民党の項で述べたい。ただ、この様子を真横で見せられた馬場さんの視線が、なんとも表現できないジェラシーに満ちていたように見えたこと、今でも忘れられへんな。

そして、馬場さん最大のミスは、音喜多さんが野心しかない単なる人たらしで、決して馬場さんを支えることにはならないと見抜けなかったことだ。

▼音喜多駿（&柳ヶ瀬裕文）――ジェラシーを食べて生きてるマキャベリアン

前参院議員。日本維新の会・同国会議員団前政策調査会長。会社員を経てみんなの党から13年都議に初当選、2期。都民ファーストの会、あたらしい党等を経て19年に維新入り。

政調がハラスメントの舞台？

お待たせしました。希代のアホばか、音喜多駿さんの登場である。こちらもまた、1人で項目にするほどの価値もない柳ヶ瀬裕文議員との合わせ技一本でお届けしたい。

馬場執行部下で「お尋ね者」化した足立康史に代わり、参院当選1回の身分ながら国政維新の政調会長に抜擢された音喜多前議員。元議員と書かねばならないのが栄華の日々への郷愁を誘われるわ。

馬場代表に気に入られて政調会長となった音喜多氏だが、この2人には共通点がある。音喜多氏も、外面はともかく、強い権力志向を持つ人間なのだ。そして、政敵を潰してのし上がっていくマキャベリストである。音喜多さんが大好きなネット界隈の諸君、最後までこの項目をよく読んでくださいね。

まず、足立はなぜ音喜多氏を嫌悪するのか。それは、音喜多氏のマキャベリストぶりが、政治的野心より、個人的なジェラシー、羞恥心、コンプレックスに根ざしているからだ。

足立政調会長（当時）は、政策本位、政策第一である。政務調査会の運営方針として、

合理性……（党内外の論戦に勝ち抜くため）論理的であること、

効率性……（党のリソースが限られているため）テーマを絞ること、

戦略性……（すぐに結果が出なくてもいいが）出口を考えること、

の3大原則をもとに、公党の政調としてどのように議論し、どうまとめ上げて党論にしていくかを、全て見える化、フルオープンすることにした。いわゆる「オープン政調」。具体的には政務調査会の会議を全てＹｏｕＴｕｂｅでライブ配信しようというわけだ。こうすることで、政策作りに携わっている議員の真摯さ、そしてその実力も国民の皆さんに知っていただけるし、その上でできあがった政策を支持もしてもらえる。

ところが音喜多さん、この「オープン政調」で恥をかかされたといって、足立康史によるパワハラだ、オープン政調は「オープンハラスメント」だと言い出したのだ。

わかりにくくて恐縮だが、国政維新の政調会長である足立君に対して、この時点で音喜多君は日本維新の会全体の政調会長だった。維新の機構上、党の政調会長は国会議員団の政調会長より上位で、つまり音喜多君は足立君の「上司」だったわけだ。

そんな「部下」の足立君が仕切る国政政調のライブ配信をなぜ音喜多さんは嫌がったのか。自分の底の浅さがセンセーショナルに生配信され、日本維新の会政調会長のプライドがズタズタになってしまうからだ。

何せオープン政調はガチンコの生公開討論に他ならない。足立vs音喜多だと政策論争で勝負にならず、関取とちびっ子力士くらいの力量差がある。音喜多さんは論破されて気の毒なほど一方的にボコボコにされていくのだった。

だったら勉強してこいや、という話なのだが、音喜多さんはこの状況を、勉強不足ではなくハラスメントだと解釈したわけだ。人前で自分を論破する足立はハラスメント野郎だ、やめてくれ、足立が仕切る政調には出たくない、というのである……。どんな政調会長、どんな国会議員やねん。だったら、政治家なんてやめときや。

こうして、実力で勝てない足立康史に対し、怨念やらジェラシーやらルサンチマンやらを積み上げていったのだろう。

しゃしゃり出て落選の愚

そこに足立君の代表選出馬、「冷や飯」事態が発生し、音喜多氏は党全体と国政維新の政調会長を兼務することになった。

藤田文武議員が幹事長になったのは皿洗いのおかげだと述べたが、大阪系ではない音喜多氏の抜擢には、馬場代表の思惑もあったと感じる。

一応馬場維新は、全国政党を目指すという旗を掲げている。そして若返り効果をアピールしたかった。こうなると、音喜多政調会長、柳ヶ瀬総務会長というのは、東京維新だしまだ若いし、しかも自分のケツをなめてくれるしということで、なかなかのハマり役なのだ。確かに当時、明らかに見た目が若返った党役員人事を受けて、マスコミや一般有権者の印象が上がったことは、「お尋ね者」に追いやられた足立も感じていた。

ただ、イメージ優先で実力を無視したことが、馬場執行部の失敗につながったというのが冷静な評価だろう。足立みたいにうるさいこと言わんと、まあまあの線でしとけばいい、どうせ風はフォロー、自民党が自滅した今、次も選挙は楽勝や……反省もせず、そんな手前勝手の分析をしていたのではないか。

そんな中、音喜多氏から足立への意趣返しは続いた。私はわずかに残された農林水産委員会で、２０２４年の通常国会、食料農業農村基本法の四半世紀ぶりの改正に取り組んでいた。農村振興といっても古い考え方や常識が農業観光などの新しい産業の振興を妨げていたので、政府与党とも交渉しながらほぼ完成にまで持ち込んだにもかかわらず、音喜多氏が何も分からんとしゃしゃり出て走り始め、めちゃくちゃな修正案で妥協したこともある。要するに、足立康史の手柄を潰したかったのではないか。足立君としては、そんな個人的な感情はどうでもよくて、大事なことは四半世紀ぶりの基本法改正において国民の役に立つ政策方針を法律に明記することだった。

もっとも、こうした音喜多氏の活動の結果が、自分自身の衆院鞍替え失敗、憤死であるのはなかなか痛快ではある。政調会長の自分がろくなマニフェストを作れず、東京15区問題でもともと恨みのあった足立君への攻撃に力を使い果たし、かっこつけて花の東京１区から出て比例復活にも引っかからんというのは、もうお気の毒様、身の程知らずの悲しきピエロだ。

権謀術数を駆使して党内の権力闘争を勝ち抜いたつもりが、選挙に落ちて無職アピールとか、どの面下げてできるのだろう？

あ、柳ヶ瀬氏の話は前章に書いたので、もうありません。一つだけ気になっているのは、足立の党員資格停止につながった東京維新の会代表柳ヶ瀬議員名義の上申書、あれ、ずいぶん過激に書いてあったけどな、足立の目には、あの文体やら書きぶりが、どうしても音喜多さんにかぶるねん。音喜多風味の香りがするんやけどなあ。聞きたいんやけど、あれって音喜多さんが書いたの？

まあ、答えはもらえんやろうな。

そして、昨年12月、その柳ヶ瀬君が維新国会議員団の党紀委員長に就任した。冗談みたいな本当の話です。

ともかく、柳ヶ瀬議員は参議院の改選がんばってくださいね。

流浪アピールで返り咲ける？　まあ無理やな

音喜多さんのいいところ、あるいは特殊な能力についても、いちおう論じておくことにしよう。いくらマキャベリアンであっても、単なるアホ、１００％天然ばかではのし上がれない。

まずは「編集能力」である。

どっかから聞いたような話、ネットで転がっている話題、誰かがうまいこと言っている表現をあっちこっちからちょいちょいっと拾ってきて、何となく一本の話に見せる能力がなかなかにお上手である。ただし、誠実さ、真摯さ、公正さが伴っていないため、今回の総選挙で議論になり、維新の目玉になるはずだった社会保障、医療改革でも、失脚前の足立が出した中間とりまとめをうまーいこと切ったり貼ったりして、オリジナルの作成者からみたらそんなんあかんと言うほかないアホ丸出しの公約に仕立ててしまった。でも悲しいかな、足立はもう一兵卒。殺されかかっていて、死人に口なしだったのである。

そして「機動力」。あるいは便利な人であることだ。

音喜多さんはとにかく言われたことを素早く形にする機動力に長けていて、上にいる人間にはとても「ういやつ」に映りやすい。そこに「編集能力」も発揮できれば、命令一下、あっという間にいい感じの作品をご提供できる、というわけだ。悲しいのは、作る側も評価する側もアホなので、お互いその作品に中身がないことがわからない、という点である。

そんな音喜多氏だが、衆院落選後、恥も外聞もなく参院選に出たいですアピールに抜かりがない。なんか知らん会社に再就職したとか、小ネタの提供もぬかりない。さんざん党に迷惑かけて、ご自身は流浪アピール、同情稼ぎに忙しい。

音喜多さん。足立君は大体の話を知っていますよ。半年前までのあなたの脳内は、政調会長として選挙に大勝、もちろん自分も晴れて衆議院議員になり、馬場議員の次の代表を狙っていたことを。そして、いつかは総理になると豪語していたことを。

いいですね。大きな野望を持つことは悪くない。ただ、結果は正反対だった。それがあなたの実力、そして現実ですよ。

音喜多君は、足立が反省せいといっても、足立を恨むばかりで何ら自省はしないでしょう。そんなあなたには、もう相手にする価値もありません。足立君も、音喜多君のおかげで危うくルサンチマンで生きる人になりかかってしまった。でもこの本でさんざん言い尽くしたから、もう忘れて、清く明るく生きることにするわ！

狭いネットの世界で、ダンスを披露しながら、楽しい音喜多さんとしてがんばってくださいね。

▼吉村洋文――顔は足立の3割増し、政策は足立の3割引きや！

大阪府知事。大阪維新の会、日本維新の会代表。弁護士を経て大阪維新入り、大阪市議、衆院を経て大阪市長、「出直しクロス選」で松井一郎氏と入れ替わり府知事2期。

ただの「演説上手のイケメン」

音喜多さんのおかげでだいぶウォーミングアップできたわ。ではそろそろ、今後の維新を担う本命人物に入っていくことにしよう。

吉村洋文代表。昨年12月に就任したばかりの日本維新の会の新代表、大阪維新の会代表、そして大阪府知事の「三足のわらじ」なんて呼ばれているが、忘れてはいけない。「大阪関西万博協会の副会長」という肩書きも持っていて、しかも意図的にあまりアピールしていない。

吉村洋文代表は、華やかなビジュアルに歯切れのよいトークで大阪での人気は依然として続いているが、反省しなければならない点の多い人物だ。世間の評判では「もう維新には吉村しかおらん」くらいのところだろうが、その見方がだいぶ下駄を履いていることに、維新の支持者も大阪府民も、そして全国政党の代表になったのだから全国の有権者も気づいてほしいところだ。吉村新代表になっても日本維新の会の支持率がほとんど動かなかったのが、その証拠だ。

足立君が吉村代表を厳しく評するポイントは、以下に集約できるだろう。

・あらゆる面で経験が浅い
・政治家としてのビジョンがなく、クリエイティビティも低い
・できることをせず、どうでもいいことにこだわる
・イメージ面でも政策面でも「遺産」で食べている
・大阪維新の会メンバーからなめられている
・国政維新をまとめることも無理だろう

踏んだり蹴ったりやな。何もいいところがないやん。無理していいところを書いておくなら、男前なのは保証するわ。足立の3割増しくらいはイケメンなんとちゃうん？　選挙の応援演説とかしゃべりの歯切れの良さとか、確かにタレント的な才能は高いわな。

でも、政策立案能力は、正味、足立の3割以下。

まあ、それでええんちゃう？　吉村代表の「大切なミッション」は、日本維新の会を退潮させ、終わらせ、元の大阪ローカル政党、大阪維新の会に還元することだからだ。

大阪維新すらまとめられない力量

吉村代表は弁護士出身で、この点では橋下徹氏と共通していると言えば言える。ただ、橋下氏は弁護士登録後直ちに独立して、弁護士としての、そしてタレントとしての道を独力で切り開き、強烈なビジョンとカリスマ性で政党を「創業」するというオリジナリティを発揮したのに対して、吉村代表は、いわゆるイソ弁が長く、経営者としてもあくまで共同経営だった。故・やしきたかじん氏の顧問弁護士を務めた縁で橋下氏とつながり、大阪市議から衆議院議員、さらに1年足らずで大阪市長、そして大阪府知事へと転身を続けてきた。

つまり、創業者の橋下氏に見いだされ、橋下・松井ラインに参加したけれど、弁護士としても、市会議員としても、衆議院議員としても中途半端、いい意味での下積み、立法や行政の訓練を受ける間もなく、ビジュアルとしゃべり、そして若さからくるイメージだけでリーダーに祭り上げられた、そういう存在なのだと思う。永田町にもいたはずなのに、他党の国会議員も誰も吉村氏のことを覚えていない。何もせず、ただ永田町に通っていただけだったからだ。

手前味噌だが、足立君は霞ヶ関で21年、いわゆる課長級になるまで国のために懸命に働いた。なんや知らんけどやたら足立にかみついてくる作家の宇佐美典也氏は経産省の後輩になるが、彼は8年しかやっていない。それでキャリア官僚がどうのこうの……などと語るのは、なんだかむずがゆくなる。ついでに言っておくと丸山穂高氏に至っては3年のキャリアしかない。丸山さんは、それを補って余りある才能があるので独自のスタイルで活躍されていますが、まあご両人とも経産省の後輩と言えば後輩やけど、正直同類として見られるのはちょっと抵抗感あるわ。

脱線してもうた。吉村代表は馬場議員とは違って決して無能ではないが、かといって首長としての、まして公党の代表としてのビジョンやリーダーシップを感じにくいと評価せざるを得ない。

それって足立君の感想ちゃうんかい？　と言われると確かにそうかもしれないので、もう少し客観的に考えてみよう。

特に傍目に見ても大変そうなのは、新たに担うことになった国政日本維新の会はおろか、大阪市長になった２０１５年、そして２０２０年以来務めている大阪維新の会においても、リーダーシップを発揮しているとは見えないことだ。

足立も毎週末のように地元に戻りながら、応援演説やイベント参加、勉強会等を通じて、大阪維新の面々と長年関わってきた。彼らにとっての吉村代表のイメージは、一言で言うなら「なんであいつだけ目立ってんねん。なんもせんと腹立つわ……」である。橋下・松井両氏の引退後、一般イメージでは大阪維新イコール吉村代表くらいの感じかもしれないが、なんで吉村なん？　奴が何したん？　という人もかなりの数に上る。

政治とカネの問題が噴出した２０２３年末以降の動きを受けて、吉村代表は自分なりの試案（吉村私案）を発表したのだが、結果として党がその後発表した「政治改革大綱」をとりまとめる過程ではほとんど無視された。国会議員だけではなく、府議団からもである。吉村代表は当時Xで盛んに考えを表明していたが、呼応する人があまりいない。かといってもいざ選挙になったら吉村さんの男前写真借りてきて、応援演説来てもらわなあかんから、まあ表だって否定はせんとくか……だいたいこんな雰囲気なのだ。

吉村代表と馬場前代表の関係もそれほどよくなかった。馬場議員はプーチンであるから、国政に吉村代表から口出しされると自分の権威が傷つきかねない。あんたは大阪でよろしくやっときや、ということなのだ。案の定総選挙後、吉村代表は馬場批判を繰り返した。

政治とカネの問題で党全体での反省会が昨年6月26日に行われたのだが、実はこの席で、吉村・馬場のミニバトルがあったりもした。お互いの線引きが動かない程度の話であれば笑顔で手を握るふりはするが、国政に首を突っ込んでくることに対しては馬場議員も黙っていない。

しかも端から見ている限りでは、押されているのは吉村代表だった。最後は、なんとか政策活動費の廃止でまとまったが、そもそも10年後領収書は5月末の段階では吉村共同代表も承認していたのだから、片腹痛しである。そのくらい、リーダーシップがないのである。

なぜ高校教育の「完全」無償化にこだわる?

リーダーシップはないがイメージはいい人物に、首長はある意味うってつけかもしれない。

国政は多数が絡む権力闘争なのに対して、首長はたった一人。市庁なり府庁なりの、行政を支える巨大官僚組織が首長一人を支える構造になっている。

この構造で、しっかりビジョンを持ち、リーダーシップを発揮できる有能な首長は大いにその力を発揮する。反対に、そうではない場合ピンボケな政策を押し出すと、止める人もいないことになる。

吉村代表を政界にスカウトした橋下氏についてはあとで述べるが、少なくとも首長としての橋下氏は非常にビジョナリーで、クリエイティブだった。しかし吉村代表にはそれがない。ただ、先輩の橋下氏が作ったビジョンに沿って、それを順番にさばいていくだけで「改革している首長感」が十分アピールできた。大阪メトロや市バスの民営化も、大阪都構想も、教育無償化も、全て準備されていたことであって、吉村代表のオリジナルではない。

もちろん、吉村代表もその辺は気づいている。そこで今必死に押し出しているのが、高校教育の「完全」無償化だ。これは明らかに設計ミス、やりすぎで、橋下氏からさえ批判を受けている。

なぜなら、吉村代表は「無償化」よりも強い「【完全】無償化」というパワーワードで選挙を勝ち越えてきたので、無理を押し通そうとしているようにしか見えないからだ。

簡単にまとめると、生活が苦しい家庭に対して機会平等の観点から行うのが教育無償化の基本で、つまり豊かな家庭に適用する必要は薄い。所得制限付きが当然で、「お金あるなら自分とこで学費払ってくださいね」でいいですやん、ということだ。もちろん、その線引きが低過ぎるということはあるので、支援対象をしっかり見直すことは必要だろう。

ところが吉村代表は「完全」無償化というフレーズの強さにとりつかれたのか、全生徒、公立私立関係なく完全無償というパッケージを打ち出したのである。

これが招くのは、府側が決めた学費の「公定価格」による統一で、学校ごとのカラー消失、足立流に言い直すなら「高校教育の生態系破壊」である。早い話、全高校の公立化に近い。私立の伝統を殺し、特色ある学校経営は難しくなる。

足立の地元茨木市は京都に近く、京都府内の私立高校にも当たり前に電車通学できる。ある京都の私立高校から、無償化で大阪からの入学が減って困っている、制度的に何か考えてほしいと陳情を受け、まあそりゃそうやなと考え、無償化に参加していない府内の高校、そして府外の高校に通う大阪府下の子どもたちの家庭にも、全額ではないとしても何割かの補助を考えてほしいと吉村代表に進言したけれど、全く聞く耳を持ってくれない。

挙げ句の果てに、

「足立さんって、自民党みたいなこと言ってくるんですね」

と切られてしまった。そりゃ、自民党かどうかではなく、まともな政策論者ならそうなるって話ちゃうんかと思うが、それだけ「完全」という言葉にこだわっているのだと感じた次第だ。

東京都では「小池方式」と呼ばれるやり方が行われていて、所得制限なしで、どこの高校であろうが一定額の補助金を出すという。これなら、わかりやすくて合理的な方法である。大阪もこれでいいと思うのだが、吉村代表にとっては、これだと「完全無償化」と言えない、とこだわっているのだ。

そして、今回、全国政党の代表になったのを機に、全国で大阪方式を実行するのは無理だから、東京方式でいいと言い出した。本当にいい加減と言わざるを得ない。

吉村代表の姿勢はポピュリズムであり、少し難しい言葉にすれば「財政ポピュリズム」だ。

「維新の会は、公務員や外郭団体、教育組織や住民組織といった既存の中間組織（特定の目的を共有する人びとの集合体）に対する財政（税金を使って人びとの共同の目的を達成する機能）が、一般市民の利益と乖離していることを、くり返し主張してきた。こうした中間組織を、市民の利益ではなく自己の利益を最大化する既得権益層だと攻撃するのである。そして、これら一部の既得権益層への予算配分を解体し、それをできるだけ多数の人に頭割りで資源を配り直す。本書では、こうした現象を試みに「財政ポピュリズム」と呼ぶこととしたい。」――『検証　大阪維新の会　――「財政ポピュリズム」の正体（ちくま新書）』吉弘憲介著

できることをせず、利権政党に成り下がる

一方、今すぐにできそうな重要案件には手をつけようとしないのも、吉村代表に猛反省を促したい理由だ。

後でも述べるが、大阪都構想は住民投票で2回否決された。しかし大阪維新の会は、もはや府知事、大阪市長、堺市長を押さえ、府議会、大阪市会の過半数を獲得しているので、つまりこれって実質都構想的な政策もそのまま実現に持ち込めるのでは？　という状況になっている。何も大阪都を作ること自体が目的ではなく、作ってその後何をするかが大切なんやから、今できることがあるなら、さっさとしたらいいですやん。

たとえば、2018年から国民健康保険は市区町村だけでなく都道府県も参加して運営されている。責任の主体を都道府県とし、負担を平準化、経営を効率化することになったのだが、比較的所得の低い人が集住している都市部にとっては有利になる。大阪府で言えば、大阪市の救済措置的な面を持っている。

一方で、インフラの質や規模の面で大阪市の方が優れているものもある。その代表が水道と消防だ。水道を大阪府で統一することを府域一水道、消防を、全ての自治体が大阪の

消防本部に委託する形で統一することを東京消防庁になぞらえて「大阪消防庁」構想などと呼んだりするが、吉村代表はいずれも消極的だ。

今上げたことは大改革だが、都構想が否決されても、維新が主導権を握っている以上今すぐ取りかかれる。吉村代表が宣言して旗振って、各自治体で決めればいいだけ。維新がやるといえばすぐできる。効率上がってサービス向上して負担は下がる、国保で大阪市を助けた分とのバランスと考えれば大阪市も協力すべきなのに、それに最も反対しているのが大阪市議会で過半数をもつ維新会派だという。

つまり、やれるのに、やらない。なんで？　と皆さんも思いますよね？　実は近年、大阪府、大阪市は税収が絶好調である。コロナ禍で一時へこんだ時期もあったが、景気回復に加えて都心回帰、観光需要増大も追い風となり、税収は大幅に回復している。他方、大阪府に移管した事務も少なくないので、財政的には余裕が出てきたのだ。いわゆる不交付団体にならないためには歳出も増やさないといけないと、合理性の低い事業を計上するなど財政規律は相当緩んでいるとの指摘もある。

そして最大の理由は、先ほどの説明の裏返しでもある。

ほぼ全ての自治体で主導権を握った維新は、もはや大阪では向かうところ敵なし、自民党をぶっ潰し、かりそめの「我が世の春」状態だ。

お気づきの方もいるだろうが、大阪維新はすでに、既得権を守る、既得権益をおいしくいただくズブズブの昭和型ダメ政党に成り下がっているのだ。身を切る改革はポスターに書いとくだけ、現状維持万歳！　なんせ元は自民党。そして、今維新に集まる人間の中には、ラクに政界に出られておいしいリターンを得る目的だけの連中も少なくない。

3度目の都構想で格好よく政治家を終わりたいだけ

もはや、吉村代表にも、そして大阪維新にも、国政維新にも期待はできないと言わざるを得ない。その片鱗は、3度目の都構想に挑戦するとかしないとか言っている状況からも十分判断できる。

実際、昨年12月17日、大阪維新の会が「都構想検討チーム」を発足させ記者会見を開いた。2015年に続いて2020年に行われた2度目の住民投票でも否決。吉村代表代行（当時）は「僕自身が（今後）大阪都構想に政治家として挑戦することはありません」と宣言したのに、昨年11月、大阪維新の会の代表に再選すると、「大阪都構想の案についてもう一度大阪維新の会の皆さんと一緒に考えたい」と前言を翻した。

党をまとめる目標として「都構想」が必要という見方もあるけど、そんな柔なもんやない。２年後の統一地方選挙で大阪市会過半数を失う前に、つまり２０２７年４月の統一地方選挙に合わせて、三度目の住民投票を実施しようとしているんやと足立は見る。

待ってよ、吉村代表。だったらなんで代表選で道州制を言うの？　道州制で「関西州」になるんやったら、「大阪都」いりませんやん。どう整合性つけるの？　いや、大阪は特別やから大阪特別都市州なんて、音喜多さんもびっくりの場当たり式詭弁でしかない。

にもかかわらず、吉村代表がこのタイミングで都構想を持ち出したのは、もう政治家をやめたいんちゃうかな。元自民党衆院議員で政治評論家の杉村太蔵さんが、吉村知事と初めて対面して対談した際に、吉村さんが『僕が辞めたら、太蔵さんのそのポジションを狙ってるんだ』って言うてたことを暴露してたけど、これは本音やね。吉村さんが『僕が辞めたら、太蔵さんのそのポジションを狙ってるんだ』って言うてたことを暴露してたけど、これは本音やね。政治家を早く辞めたい。その辞め方だけを考えているのが今の吉村さんだ。

２年後に住民投票に持ち込むためには、半年程度で構想をまとめ、本年中にも大阪府知事・大阪市長の出直しダブル選挙を仕掛けてくる。そして３度目の住民投票で、最悪負けても、橋下徹さんのようなコメンテーターになれると踏んだ。しかし、ほんま自分のことしか考えてないやん。

ついでに言うときますわ。「大阪万博の経費が増えるってどういうことや、知事のわしに説明せんかい」的な態度を協会と有権者に見せてアピールしているが、吉村知事、あなたは万博協会の副会長ちゃいますか？　コストに厳しい吉村みたいな顔して、あんた「中の人」やろ？　松井さんと一緒になって、足立君の国会質問を問題視したのは誰やねん？　物価上昇、建設費高騰は世界経済の影響を受けた経済問題であって、経費がコストが……という言い訳だけではどうにもならず、現実的な解法が必要になる。それなのに赤の他人みたいなコスプレせんときや。ほんまにダサいしずっこい（ずるい）で。

きりないわ。もう、このくらいにしておこう。吉村代表。国政維新代表就任、改めておめでとうございます。獅子奮迅のご活躍で、維新をどうかきれいに片付けてください。

▼前原誠司――流れ流れて維新に取り付いた「疫病神」

衆院11期、日本維新の会共同代表。松下政経塾、京都府議を経て93年日本新党から初当選。旧・民主党で代表、国交相、外相などを歴任。民進、希望、国民民主等を経て24年維新へ。

やる気満々！　応援してまっせ！

前原誠司議員の共同代表就任――葬儀委員長ちゃいますか？

結局、自分の政治家としての死に方しか考えてない吉村代表と、あらゆる政党を壊してきた「疫病神」の夢のタッグ。やがては自爆デスマッチ。足立は感無量です。前原さん、ほんま、至らん政党ですけど、維新のことよろしく頼みますわ。

民進党を解体して小池百合子都知事と手を組むが失敗、国民民主党を乗っ取り立憲との共闘を模索したがこれも最終的に失敗し、同一会派を経て、総選挙前の昨年10月に維新にやってこられた。前原議員の印象は、何かを企てるがいつも失敗する人、「疫病神」である。「政界の壊し屋」というと小沢一郎議員が思い浮かぶが、小沢議員は意図的に壊しているのに対して、前原議員は、一生懸命やっているはずなのにいつの間にかだめにしてしまう感じである。

ネットでは、「政界のキングボンビーが維新に取り憑いた」「キングボンビーの名を欲しいままにしている前原さん。今回もその名に違わないご活躍をお願いします」と揶揄されることしきりである。

こうして維新に来られたわけが、結果として足立とは入れ違いの形になっている。しかし、昨年10月にきたばっかりの前原さんに日本維新の会を実質的に乗っ取られて、この12年ってなんやったん？

もちろん前原議員は不屈のチャレンジャーである。まさか議席ほしさにただ維新にやってきたわけではない。自分に手を伸ばしてきた馬場執行部の弱さを見抜き、これなら自分のほうがうまくやれる、乗っ取れると目論んでいたのではないか。そこにきて吉村体制誕生、共同代表就任と、相手が一層チョロくなり、ここまではできすぎの感じで流れが来ている。やる気満々、これは行ける、ええでええでと心躍っておられるだろう。

いいですね、前原議員。その調子です！　馬場前代表、あなたの最高の仕事は前原議員を維新に誘ったことですよ、きっと！

何を根拠にそこまでいうのか。実は前原議員と足立、ほんのわずか、維新の在籍期間が重なっていた。

足立にとって最後となった解散直前10月7日の衆院本会議場。代表質問のために馬場前代表が席を外しているのをいいことに、前原議員は、その前日に引退を表明した足立君に、こう聞いてきたのだ。

「足立さん！　処分っていつまでなの？　いつ明けるの？」

正直ムッとした。何聞いてくるんやこのおっさん。昨日、総選挙には出えへん言うて、みんなに挨拶したばっかりですやん。あなたの目の前にいる足立はすでに死亡済み、バッジをつけた幽霊ですよ……心中渦巻くが、口には出せずに言いよどんでいたその時、

「もったいないからさ！（維新から）参院選に出たらいいじゃない！」

あっ……と気づいたのである。前原議員、維新に来た瞬間から、もう自分が共同代表になり国政維新全体を仕切るつもり満々だったのだ。でなければ、まるで自分が公認権を持っているかのような言い方はできない。あるいは、今後「前原派」的な集団を作るに当たって、足立を誘惑しようとしたのかも？

まあ、そこまで「性悪説」で言うのもちょっとアレなので、一応去りゆく足立を心配してくれたと解釈しておきたいけれど、もう足立は維新に愛想をつかしています。ご縁がなくて残念です。

前原議員、実は維新の創業者、橋下徹氏とは仲がよく、家族ぐるみの付き合いだと聞く。民主党政権時代国土交通大臣だった前原議員に、橋下氏は関空の関係でいろいろと世話に

なった恩義を感じているのだという。

でも、足立の知っている話はちょっと違うんですよね。霞ヶ関から聞こえるのは、前原さんへの怨嗟の声ばかり。言いっぱなし、スタンドプレイ、そして統合的な思考の不足。驚いたのは、むしろ副大臣だった辻元清美議員のほうが素直で勉強熱心で、前原議員とは違いコミュニケーションもスムーズ、初めて接する霞ヶ関の世界で官僚とともに物事を前に進めていくことの大切さを尊重していた……というのだ。

にわかに信じられないでしょう? 足立が各方面に聞いたところによると、辻元議員、実はああ見えて、政府志向らしい。あるいは、民主党政権時に目覚めたのかも知らん。

また脱線したわ。まあとにかく、前原共同代表の今後に乞うご期待!

維新はこうして生まれ、こうしてダメになった

残る2人は、維新の「創業者」橋下徹氏と松井一郎氏だ。その前に、大阪維新の会の誕生から今に至るまでの流れを整理しておきたい。これは、地方発の第三極として伸びていった大阪維新の会、そして日本維新の会が、どこからダメになり、今日の万年野党モードに堕落していったかの経緯でもある。

弁護士タレントとして活動していた橋下氏と、長い間大阪自民党の中で虐げられてきたと感じていた松井一郎氏一派がタッグを組んで2010年に設立したのが大阪維新の会、またの名を「自民党松井馬場派」、橋下さんは広報部長に過ぎないと豪語する松井親衛隊議員も少なくない。無駄の削減、身を切る改革や、府市一体の行政運営や大阪都構想を押し出したが、究極の裏テーマは、「自分たちを虐げた大阪自民党の壊滅」である。

大阪維新にはもともと弱点もあった。大阪以外に支持が広がらず、しかも大阪府内での政治のやり方は自民党そのもの。親分子分、お前入れたる、お前かわいい、あいつ腹立つ、目立ちすぎや……後で触れる自民党流の豪族的、土豪的人間関係がメインで、個々の政治家のビジョンとか政策は、あまり重視はされない。下手にまともなことをいうと、足立のようにかえって怒られるわけだ

そうした中で政策構想、政策ビジョンを一身に担っていたのは橋下徹氏であり、その根幹は大阪都構想だった。橋下氏自身は古い大阪自民党とは無関係で、少なくとも大阪維新のリーダーとしては頭が十分にさえていた。しかし大阪維新の本体、首から下は、盟友・松井氏によって「接合」された大阪自民党のなれの果て。こうして、ある意味では奇妙な二人羽織、橋下・松井両氏の個人的関係によって結びついている、特殊なオーナー政党が

スタートしたわけだ。

オーナー政党とは、「創業者」の影響力や支配力が強く、有権者から見えるイメージも、党と言うよりは代表者、オーナーの顔や考えが浮かぶ状況にある集団を指す。かつての大阪維新の会も、あるいは渡辺喜美氏のみんなの党や小池百合子都知事の都民ファーストも、最近で言うなら山本太郎議員のれいわ新選組も、典型的なオーナー政党と解釈できる。

大阪維新が特異な経緯をたどったのは、２０１５年、２０２０年と2度の大阪都構想否決を経る間に、二人羽織の「顔」だった橋下氏が消え、そして「胴体」を仕切っていた松井氏も消えたこと。

さらに、ここまで再三指摘してきた通り、やめたはずの創業者が未だになんだかんだと影響力を及ぼしたり、自分たちで決めたはずの決まりやあり方を裏切ったり、放置したり誤解したり曲解したりとやりたい放題なこと。

そして、これは絶対に指摘しておきたいのだが、橋下・松井両氏の間で深刻な考えの違いがあっても、「創業者」の2人は特別な関係なので、決して刺し合いはせず、お互い追及せず、なあなあの、まあまあええやんか、いろいろあるわで済ませてしまうことだ。

2人のオーナーには創業者としての責任がある。いなくなるならオーナー政党を「近代」

政党に変える努力をしなければならないし、公党として正しく代表を選び、政策を決め、責任を取るガバナンスを確立すべきだった。そして、近代化が完成した後は、たとえ元オーナーであろうと口を出すべきではない。

自民党がどんなにだめでも、立憲がアホばかの万年野党でも、ガバナンスはそれなりにできている。しかし、維新は百歩譲ってもその点は未熟でいい加減だ。そして、問題視すらしていない人があまりに多い。

政治とカネの問題でもこの点はよく分かる。日本維新の会は、善人のふりをした悪人である。企業団体献金を廃止すると言いながら、パーティー券を企業に売り捌《さば》いてきた。自民党への批判が高まると正式にパーティー券の企業団体売りはやらないと決めたが、個人売りは続けるという。個人やったら寄付する方が控除も受けれるからいいに決まっているのに、中小企業の社長に買ってもらって、知らんとこで経費処理してもらう魂胆やから、最悪。ガバナンスがないため、政策はふらふら、筋も通らず、こういう小手先、子供だましがまかりとおる政党に成り下がっているのだ。

不肖・足立君は、創業者2人の引退後、そこを何とかしたくてがんばってきた。オーナー政党からガバナンスの効いた政党へ、橋下さん個人のビジョンから包括的な政権担当能力を示す。みんなで決めた政策で戦い、政府与党と真っ向勝負できる政党へ。今振り返れば全くの微力だったけれど、本気で、殺される覚悟でやってきて……本当に殺された（笑）。

この責任は、これから取り上げるお２人にある。そして、少なくとも国政維新に文句があるなら、もうかなり手遅れである。日本維新の会は、その勢いにおいては国民民主党のはるか後方に取り残されたのだ。今後とも、大阪の地域政党としては頑張っていただきたいが、国政ではもう期待できない、というのが有権者の判断なのだ。

▼橋下徹――一流コメンテーター、三流「創業者」

弁護士。07年大阪府知事、11年大阪市長。10年大阪維新の会、12年旧・日本維新の会を立ち上げ。15年大阪都構想の否決を経て政界引退。コメンテーターとして活躍。

テレビに出て痛感する橋下氏の実力。しかし……

橋下徹氏に対して、足立ははっきり言ってアンビバレントだ。アンビバレントやからはっきり言ってこなかったけど。まあ、むき出しの思いを書かせていただく。

先に褒めておきたい。足立康史、維新を出てからテレビやネット番組で解説するポジションをいただく経験をしてみて、あらためてコメンテーターとしての橋下氏の能力ってただ者ではないなあと思う次第だ。一流、超一流である。法律家、行政経験者として、政府や自治体で問題になっていることのポイントを、短い時間で、明確に、しかも視聴者が理解できる分量、さらには面白さまで加えてまとめられる。控えめに言って天才だと思う。２０２４年大混乱になった兵庫県知事を巡る問題の解説も見事だった。

橋下氏が解説することで、確実に日本の政治報道がレベルアップし、結果有権者間の論議も質的に向上していると感じる。新しい地平を切り開く仕事は、足立の深くリスペクトするところだ。

地方政治家としても、政党の創業者としても卓越していた。細かくはあげないが、１回目の都構想が否決されるまでの改革は、大いに評価すべきだと思う。

でも橋下さん、問題も多い。３つ指摘しておこう。

(1) 国政を知らずに国政を語る

橋下氏は大阪で大きな成果を上げ、また地方自治については精通しているが、国政に関してはは経験がなく、イロハのイも知らないレベルだ。

例えば、旧「文通費」改革。橋下氏は一切政治団体には入れるべきではないと主張するが、地方議員の場合、文通費にあたる政務活動費は地方自治法に規定があり、政治資金規正法の範囲外にあるという法令解釈がすでに決まっているのに対し、国会議員の文通費は、それが政治活動であれば政治資金規正法上収支報告書に載せなくはならないし、個人のポケットから政治団体に寄付をすること（いわゆるセルフ領収書）は、むしろ透明性が向上する、勧奨すべきことなのだ。残念ながら、これを正しく処理しているのは国民民主党と足立康史だけ。橋下氏は法律が分かっていない。

この問題を直接橋下氏にぶつけたところ、結局最後は「足立ボケ」「維新のおかげで国会議員になったくせに何言うてんねん、国会から出てけ」と悪口に終始するようになり、本当に口も聞いてくれなくなった。挙句の果てには、電波で一方的に、それもまったく関係ない文脈で「これは足立さんがよくやる詭弁」と個人攻撃。あ、念のためですが、普段の橋下さんは、足立を含め人に面と向かって「ボケ」とか悪口を言う人ではないですよ。

（2）私情を混ぜた活動、国政維新へのいわれなき批判

橋下氏が自分のよく知らない国政を知っている足立を嫌っているのは仕方がないが、冒

頭で示したとおり卓越したコメンテーター能力でマスコミや視聴者の信頼を得ている状況において、地上波で足立や国政維新を私情丸出しで批判するのはいかがなものだろうか。

橋下氏は国政経験がなく国政を知らない。それはそれとして、国政維新に対して、永田町で赤絨毯を踏んで、いい気になって酒ばっかり飲んでいる連中……などとレッテルを貼り、テレビやXで攻撃するのはどうなんだろう？　大阪維新にもそういう連中いてますよ？　ただの印象操作やん。

いろいろ言いたいことはあるが、これだけは申し上げておきたい。最近橋下氏は「料理屋で政治をするな、飲みニュケーションはやめるべき、国対政治はくそ食らえだ」と語っているが、それ、元ネタは足立ですやん。

橋下氏が自分で思いついたかのように熱く語っているので（確かにいろいろな情報に接しているとそうなることはあるけれど）、悔しいからXを遡ってみた。橋下氏が国対政治を批判し始めたのは２０２０年。しかも、足立のポストをリポストしたところから始まっている。ぜひみなさんもツイログで検索してみてください。要するに、足立の受け売りなのだ。

そもそも、国政維新だってあなたが創業者でしょう？　責任取るべきでしょう？　知らんぷりして、第三者みたいな顔するのやめましょうよ。だいたい、その馬場執行部と泥臭く戦って「相打ち」したのは足立ですよ。

（3）創業者ならではの「情実」

橋下氏は、コメンテーターとしては維新がらみを除けば優秀だが、維新内においては「情実」そのものだ。

国政維新を不肖の子どものように執拗に攻撃するが、自分の直系である大阪維新はそうではない。仲間や友人には甘く、責任を問わないが、足立のようなそうではない人には容赦なしどころか、根拠なき攻撃も辞さない。しかも、公共の電波まで使って。

はっきり言おう。橋下氏は吉村代表には甘く、最後に述べる松井一郎氏に至っては意見の相違があっても全く批判しない。

馬場議員はもともと維新と敵対していたが、松井氏が堺の自民党を潰すために自民党から引き入れた人材だ。しかも堺市が地盤という大阪維新では傍流の集団で、その上国政維新だから、橋下氏は嫌う。しかし、橋下氏が作った代表選挙のあり方を無視するかのごとく後継指名して馬場執行部を生んだ松井氏は一切批判しない。なんでなん？

橋下氏にとって、大阪維新の会、そして大阪で成し遂げてきた自分自身の実績は、コメンテーターとしてのブランディングの中核である。まあ、それはいいですよ。今は政治家ではなくビジネスやからね。でも、そのせいで大阪維新を批判せず、国政維新はボコボコにアホやボケやと叫び散らかして、自分はさも聖域なく批判できるような人物だと見せるのはどうなん？　姑息すぎませんか？

そして昨年12月の維新新体制。吉村―前原、岩谷―青柳体制は、本当に橋下プロデュース。橋下さんが彼らと会食しながら謀議を重ねてきたことは周知の事実だ。

橋下さんは、持論である野党間予備選に賛同しない国民民主党が目障りで仕方ない。昨年末には「維新の出方次第では国民民主の主張を潰す」「国民民主の維新軽視を放置すべきではない。」とXポストし新執行部に号令を発した。放送電波を通じた政治報道、コメンテーターとしての矜持を完全に捨去ってしまった瞬間だった。

最初はよかったけれど、結局、創業者としては三流である。

橋下さん。最後にこれだけ言うておきます。あなたの優秀な能力は、どうか公正、公平に使っていただきたい。それが日本のため、あなたのためだと思いますよ。

▼松井一郎――大阪自民党を潰し、公党の私物化を是とする創業者

父の地盤を引き継ぎ03年から自民党で大阪府議、10年に橋下徹氏と大阪維新の会を結成。のち日本維新の会代表。11年大阪府知事、19年大阪市長。20年の都構想否決で政界引退。

政党の代表選で「政策を争うな」？

維新のもう一人の「創業者」、松井一郎氏。足立の殺される過程、馬場元代表や橋下氏を語る中ですでにかなり述べているので、要点だけにしておこう。

ビジョンを持っていた橋下氏とタッグを組んだ松井一郎氏だが、先に述べた大阪維新の会の取り組みはさておき、松井氏自身の心の奥底にあった本当の「創業」の目的は、自分を干し、追いやった「大阪自民党潰し」だった。

そして、今やその目的はすでに十分すぎるほど達成されてしまった。選挙区から自公の代議士は消えさり、市会も府議会も首長もほとんど維新である。大阪自民党は、ぺんぺん草も生えない焼け野原になってしまった。

さぞかし、達成感に浸っておられることでしょう。あなたをたきつけた怒りや恨みはいまや晴らされ、ワインがおいしい人生を送っておられることだと思います。

2022年の代表選挙で足立を潰すために馬場後継指名に出た松井氏だが、後継者としての馬場議員個人に強いこだわりがあったようには感じられない。まあ馬場ちゃん、長い間幹事長がんばってもらったし、そろそろ順番やろ？　どうせ選挙は勝てるんやから、足立みたいなんだけには気をつけて、あとはまあまあ適当に、うまいことやりや〜。その程度である。

証拠を提示しよう。松井氏は、自分が退任していく身にもかかわらず、「代表選は政策を議論する場ではない」(https://x.com/news_ewsn_02/status/1553302993251868672) と公の場で明言した。

ちょっと待ってくれ。どこの政党が、代表を選ぶときに政策で争わないのだろうか？　それってもはや政党と呼べるのか？　アホ丸出しやで。

松井氏は恐らくそこまでアホではない。本当の目的は、馬場vs足立で政策論争を始めてしまうと、音喜多以上に悲惨な状態、あわれ馬場プーチン流血惨殺の修羅場になってしまうことが目に見えている。そこで、まだまだ眼光が鋭い松井氏が先手を打って、足立君が得意分野に引きずり込む展開を封じたわけだ。

かくして松井プロデュースで生み出された馬場執行部は、2年間何の実績も残せず、国政維新を惨敗に追い込んだ。一斉に馬場批判が起ったが、松井氏はだんまりである。一方で、橋下氏や吉村氏が馬場批判をすることに対して、生みの親にもかかわらず反論はしない。要するに「橋下＞＞＞馬場」、何より親友が大切だからだ。なんたるご都合主義だろう？

松井氏にとっては、もうどうでもいいのだ。自分の敵、大阪自民党が壊滅したから。その意味では、馬場ちゃんようやってくれた、ご苦労さん！　あとは野となれ山となれ、僕はワイン飲んでるから、みんながんばってや〜、というのが本音だろう。

松井氏についても言い出したらきりがないが、最後に一つだけ、足立としてはどうしても聞き捨てならない話を、読者諸氏のご賢察を賜りたいがためネタとして提供しておきたい。

松井氏のＹｏｕＴｕｂｅ「松井一郎公式チャンネル」。おいしいお酒を飲みながら、「素の松井さん」と政局を楽しく語る素敵なチャンネルだが、２０２４年８月６日にアップされた動画「ついに新党結成⁉　橋下徹と松井一郎が維新の会に物申す！【前編】スナック松井スペイン編」に、創業者ご両人の関係とスタンスを如実に物語る下りがあった。国政維新を中心に現状を嘆く会話の続きである。（３：23〜）

橋下　我々、自民党の政治がイヤや言うてみんなで集まったのに、今の維新って、自民党の政治よりももっと自民党じゃないですか。

松井　そうやなあ。

（中略）

橋下　維新スピリッツ、維新スピリッツって言っている人に限って、ずっと〈議員を〉やっているじゃないですか。どうなんですかね？

松井　だんだんやっぱりね、なんて言うかなあ、維新の歴史ができてくるやん。ほんだら、まあ、これはっきり言って我々の時は、別に維新を守ろうとか、政党を続けようというのはなかったやん。

橋下　はい。

松井　でもね、所帯が大きくなって、人も増えてくれれば、そこが「家」になるやん。家をなくすんが、もう怖いというかね。

どう思います、これ？　足立は驚きのあまり椅子からずり落ちた。

同じ動画では、２人で「維新は続きすぎた」と言い切っている。橋下氏は維新の存在価値を問うが、松井氏は「胴体」の元頭目として、あるいは現在も影響を及ぼすものとして、大阪自民党から仲間を引き入れた責任を痛感しているのだ。

「家」という表現はなかなか言い得て妙だ。つまり、足立の解するところでは、しょーもない政党でも、自分の引き入れた後輩やその系譜に連なる人の生活を守るため維新という箱が存在することを認めよう、商売やしみんな生きていかなあかんからからしゃあないやん、目えつぶったってください……ということである。ある意味、すごい本音の開陳だ。

最後の最後、ダメ押しで確認しておきたい。維新は公党であり、国民の税金が入っている。松井氏の理屈では、自分のかわいい後輩がよろしく食っていくために、公党を私的な「家」として使い、いい感じで続けていけばええんちゃうん？　という話にしか聞こえない。ほんまに腹立つわ。

そして、この理屈を聞き流す橋下氏もひどい。動画を見ていただければ分かるが、2人の主張はまあまあの隔たりがある。しかし、異国スペインの街角でお酒も入って、おっさん同士のウダ話でまあまあええやんか、で処理されている。日本一のコメンテーター橋下徹さん、同じ話をテレビでしたら、絶対かみつかなあかんとこですやん。反省してください。

しかしこんな「家」、出てほんまによかったし、はよ潰したほうがいい。間違いやなかった。まあしかし、スペインバルのワインやらタパスやら、おいしそうでしたね～。

第3章
自民党・公明党
いにしえの豪族集団どこへ行く

混乱、混沌、漂流…来るか？「石破おろし」と衆参同日選

総選挙で惨敗、少数与党に転落した自民党。その原因が石破茂総理総裁にあるのかどうかは知らないが、しかし某維新の会に比べれば、結果はともかく総裁選のガバナンスはさすがですよ。

しっかり政策論争しているし、政策論争できない小泉進次郎議員はちゃんと干されるし、最後の最後まで盛り上がる。まあ、その結果が石破茂議員vs高市早苗議員というのはちょっと意外すぎたが、それもまたガバナンスの上で起きたことだ。

きれいな言い方をしすぎているのであれば、これが自民党の権力闘争のパターン、と解釈できるだろう。誰かに乗っかったかと思えば、ダメと見るやすかさず乗り換える。麻生議員vs菅議員の構図の中で、誰を支持すれば自分が有利か、より影響力を行使できるかで情勢がどっと動く。かといって船頭がけんかばかりしていると自民党という船自体沈んでしまうため、最後は絶妙なバランスで折り合う……どこかの、前代表の一声で選挙が実質無効化され、盛り上がりも何もないアホ政党とは、やはり年季が違うし、それなりに熟成されているわけだ。

思えば、足立康史は、そんな自民党と維新が保守二大政党でバチバチに濃厚な論戦を交

わし、お互いがいつでも政権を担える準備をしながら政権交代を続けていく日本を夢見て12年がんばっていた。もう、正直言って大甘やった。この点は素直に反省している。

55年体制＝自民党レジームに始まり、90年代の下野《げや》を経て、今まで四半世紀にわたり公明党との連立による「修正自民党レジーム」が続いてきた。そこに続く新たなレジームが保守二大政党になり、自民党もまた、政策本意の新しい政党に進化していくと思っていたのだが、潰《つい》えてしまった。

総選挙で大敗したとは言え、第1党の財界自民党vs与党を過半数割れに追い込んだ労働組合の立憲という55年体制はいまだ堅固である。

足立君の目に映る自民党という政党は、北海道から九州・沖縄まで、全国の「豪族」——各地で権力と金を持っている方たちが集まり、それを維持していくことを目的として、国会に代弁者を送り込むことを目的としている。だから、当たり前のように世襲があるし、あまり疑問視もされない。

だったら野田立憲や玉木国民民主がそのカウンターとしてがんばらなければいけないのだが、彼らを支持する労働組合もまた、欧米とは違う企業別組合、産業別組合という日本独特の発展を遂げてきた。だからこそ、自民党の持つ強い既得権に対抗し切れていない。

この状況で、労働組合一辺倒ではない構造を持つ国民民主党の存在価値が際立つことになるのだが、その話はまた次の章でしよう。

いずれにしても、自民党が総選挙で惨敗、少数与党に転落した今、果たしてこの本が世に出るまで今の状況が保たれているのかどうかも心許ないが、細かく考えすぎても仕方がないので、2025年の年初時点というお断りを入れた上で、少し気楽に予想を立てておこう。

まず、全委員会で自公が過半数を取れていない国会運営において、予算委員長を始め重要ポストを立憲に渡したのは、どなたが考えた戦術なのかは存じないが、なかなか高等、老獪《ろうかい》なテクニックかもしれない。予算委員会の審議を見ていただければ分かるが、花形のポストを譲られること自体立憲に異存はない反面、予算委を仕切る責任も当然に生じるので、ただ自民党を批判していればいいというわけにもいかなくなる。ハング・パーラメントが一体いつ、どんな形で結末を迎えるのか分からないが、その責任の一端を、立憲も知らないうちに担わされている。

それで……である。皆さんも恐らく耳にたこができるほどお聞きと思うが、石破政権は短命で、自民党内でも再び激しい権力闘争が勃発、新政権のもとで遠くないうちに再び解散、衆参同日選挙の可能性さえあるという見方に、足立君も同意するほかない。

　今の状況では、とにかく令和7年度予算を通すことだけが頭の中にあり、逆に言えばそれさえできればよく、以降は白紙に近い。予算を通すためには紆余曲折、「壁」問題もからんで与野党の交渉と妥協とだまし合いの連続で、恐らく有権者や支持者に対してあまりいいイメージは与えない。

　そこで、この不幸、泥沼のイメージを石破総理に全て背負っていただく→予算成立後直ちに「石破おろし」からの新しい総理総裁誕生で新生自民党アピール→通常国会末に解散、衆参同日選というシナリオもあり得たが、昨年の臨時国会を見ていると、野党の体たらくで、少数与党でも思いのほか国家運営はできるじゃないか、という安堵感が永田町に拡がっている。

　もちろん、保守系の方々にとっては、昨年苦杯をなめた高市議員で一刻も早く勝負したい向きも多いだろう。選択的夫婦別姓やLGBTなど、今の自民党のあり方にご納得のいかない方も多いと拝察する。ただ足立君が見る自民党のあり方から考えるに、「今度こそ高市総理総裁」の線は薄いのではないか。

　旧安倍派も大いに弱体化してしまった今、まさか党を割る覚悟で……という状況は考えにくい。しかし、次の総選挙で個性の立った総理総裁が先頭に立ち、結果を出せなければますます保守派も、オール自民党も落ち込んでしまう。

一体、ひとまず誰が収拾するのか？　こういうとき自民党は、当たり障りのない、しかし政治家としては手堅い、実務的に優秀なリーダーを選びがちである。恐らく、林芳正官房長官のような。前回の総裁選では圏外だったが、ことここに至っては、みんなの顔を立ててオール自民党感を出すことが大切だからだ。

まあ、選挙も含めてどうなるかは誰にもわからん。その先、今年の後半や来年に何が待っているのか。保守再編の議論が出てくるのか、実際に起こるのか。今の自民党のままでどうにか持たせるのか、さらにカオスがドロドロのぐっちゃんぐっちゃんになるのか？

そんな日本にお構いなく、世界は激変していく。具体的にはわからんけど、場合によっては、ほんまにエラいことになるんちゃうん？

▼石破茂――念願の総理になれただけで満足しましょう

首相。衆院13期。銀行員を経て父の死去に伴い86年初当選、防衛相、農水相、自民党幹事長など歴任。12年党総裁選で故安倍晋三氏に惜敗。24年5回目の挑戦で高市早苗氏を破る。

本人も「本当に」総理になれるとは思っていなかったのでは？

今のところ、令和日本の七不思議に、「石破茂総理大臣誕生」は入れておいたほうがいい。というより、統一教会問題や政治とカネ問題以前、「石破さんが総理になると思いますか？」と聞かれたら、「それはさすがに、ないんじゃない？」という答えが多かっただろう。世論調査での支持は比較的強かったけれど、国会議員からの評判が悪すぎたからだ。

石破総理、自民党総裁選は５回目の挑戦だった。２回目の２０１２年、決選投票で安倍晋三氏に逆転されたのが最も夢に接近した瞬間、それ以後は勝負に絡めず、前回は立候補を見送って河野太郎議員を支援した。まあ、誰の目にも「総理総裁になれない運命の人」「党内野党のご意見番」、厳しく言えば「終わった人」と映っていたし、恐らくご本人もそんな運命を甘受しかけていたのかもしれない。

今や懐かしい『永田町アホばか列伝』（悟空出版）で、足立康史は石破氏を評して、「ただの軍事オタク」、「防衛大臣、農水大臣でがんばって」と評している。あれから8年近くが過ぎたが、本質はほとんどそのまま。偶然に偶然が重なって風が吹き、総裁選がカオスとなって気づいたら夢にまで見た総理総裁になってしまったというのが実相に近いのではないか。夢が叶ったことは本当にめでたいが、そこまでに力を使い果たし、本当に総理総裁になった後どうするか、どんな総理になるかについては、ご覧の通りほぼ出がらしレベルである。

石破総理、外交のデビュー舞台となった2024年11月のペルー・G20はひどすぎた。座って握手して失礼だとか、上着の前を閉めずに腕組みなんかしてまた失礼だとか、写真撮影に間に合わなかったとかスマホばっかりいじって無粋だとか、散々な言われようだった。しかも映像を伴ってSNSで拡散されてしまうから、かなりきつい。

元官僚の感覚として、こういう場合政府や外務省の関係者は一応レクチャーをしているはずだ。彼らが個人的に石破総理を好いているか嫌っているかは別として、一国の総理大臣なのだから必ず守ろうとする。まさか恥をかかせて陥れようと考える官僚はいない。

しかし、石破総理ご本人が総理になっただけですでに電池切れ、もはや余力は残っておらず、いくら総理としてすべきこと、したほうがいいことをアドバイスされても、新しい知識を受け入れる余地がないのだと映る。そして、総理大臣はそれだけ忙しい仕事でもある。むしろそれまでの立場はあくまで党内野党、主流を批判する評論家、ご意見番的ポジションだったわけで、傍流ゆえに権力に絡むことはないが、逆に誰からも厳しい批判を浴びることなく言いたい放題、うまいこと言うだけに特化してきた。古くは加計学園問題での「石破４条件」とか、難易度が極めて高い憲法９条の「２項削除論」とか、外野から言いっぱなしだった。それも、自民党内での自分のポジションを上げるために。

総理大臣は言うまでもなく政府の長であって、評論、批判していればいいわけではなく、自分が批判、評論される。その上防衛や農政以外の苦手分野も答弁して、全て責任を背負わなければならない。

石破総理は、念願かなってまさかの総理の椅子に座った。お祝い申し上げます。でも、もはや「座っただけでよかった」としなければならないのではないか。不得意分野を一夜漬けで勉強されているために睡眠不足なのかとお見受けする。そして、何となくぱっと発言した内容の危うさを周囲から指摘され慌てて軌道修正の繰り返し。まして、この少数与党の状況である。

政治家諸氏、政治を目指す諸君。石破総理の現状は、外野から批判、評論だけしていてはあんな風になってしまうことをこれ以上なくわかりやすく示している。ポジションを得ること自体を目的にすれば、いざポジションを得た後で大恥をかき、その上みんなをひどい目に遭わせるのだ。大いに他山の石、自省の材料とすべし、やな。

▼岸田文雄――「霞ヶ関、政策在庫一掃」で大フィーバー!?

衆院11期。93年初当選安倍内閣で4年7カ月の長期に渡り外相。党政調会長を経て20年総裁選では菅義偉氏に敗退も、1年後菅氏退任による総裁選で河野太郎氏を破り首相に。

岸田政権、官僚から再評価のワケ

岸田前総理も、国会や『アホばか』で散々に批判した。岸田文雄議員が外相の時代、外務委員会での質問で「きょうのような御答弁では到底日本国の総理大臣にはふさわしくない」とか、『アホばか』では「前例をはみ出せない地味な管理タイプ」とか言いたい放題。

しかし、その後岸田議員は足立君の批判をよそに、見事総理大臣となった。

元日、宮中での「新年祝賀の儀」でのこと。天皇陛下が皇族方や内閣総理大臣などから新年のお祝いを受ける儀式の場には、立法、行政、司法の関係者が招かれるが、私たち国会議員もお招きいただく。

宮中の廊下で、岸田総理とばったり一緒になってしまった。

あかん、殴られるんちゃうんか？　借りもんのモーニングなのに汚れたらどないしよう……とまではさすがに思わなかったが、一度は呪い（？）の言葉をかけてしまったのだから、見事総理になられた今は、素直にご挨拶して失礼な言動をお詫びしなければならない。

ということで、「総理、いつかの外務委員会では大変失礼なことを……」と申し上げたら、

「いやいやぁ〜、あの時は言われちゃいましたね〜（笑）」


と、さすがは一国の総理大臣、ニッコニコ、満面の笑顔で余裕のご対応をいただいた。

安倍政権、菅政権と続く中で、岸田議員が総理になれる道はかなり狭かったと思う。そこを切り開いた力と運には、今さらながら敬意を表したいところだ。まあ、若干笑顔のめがねの奥に光る目が怖かったけどな。

岸田前総理は、結局内閣支持率や自民党の支持率を回復できず、自ら政権を諦めた格好になったが、振り返ってみれば統一教会問題にしても、政治とカネの問題にしても、自ら

が直接的な責任を負っているとは言いにくい面もあるし、現在の自民党の「惨状」を見ると、「ああ見えて案外岸田内閣ってよかったんじゃないか?」と考える向きも少なくない。

菅元総理は次項でご登場いただくが、その背景にあるのは、菅内閣と岸田内閣の明確な違いのひとつ、霞ヶ関に対する向き合い方だ。

高級官僚たちは、安倍・菅時代の官邸に呼ばれると、何を突っ込まれるのか、下手したら今日首が飛ぶかもしれんでと、それこそ震えながら対応していた。しかし岸田内閣になってからは、いい意味ではのびのびと、悪く解釈すれば楽勝、お気楽に「官邸呼ばれたんでちょっと行ってくるわ~」というような雰囲気に変わったという。官僚側が重要案件を相談、説明すれば、「うーん、まあ難しいけど……まあ、いいか。やろう!」と乗ってくれるのが岸田総理なのだ。

「そら見たことか、岸田内閣で官僚支配が復活した、岸田総理は官僚の言いなりだ……」という評価もできるが、岸田政権側にも実は大きなメリットがあった。

安倍・菅時代に言い出せず、たまりに貯まっていた霞ヶ関発のナイスな政策アイデアが、財務省と外務省の間の潮見坂をベルトコンベアーに乗って上っていく勢いで、霞ヶ関から永田町へとドンドコドンドコ出荷されていったのである。

霞ヶ関もこの間まさか遊んでいたわけではなく、状況の変化に合わせてさまざまな政策的着想を持っていた。しかし官邸主導が徹底していた安倍・菅政権時代には、まさか官僚側から「耳寄りな話がありまっせ〜」なんて言い出せない。官邸側から言われたことに対応するだけで精一杯のピリピリムード。いらんことしたら明日はない。長い間緊張状態に置かれていたのだ。

その際日の目を見なかった珠玉の政策が、岸田政権で俄然再注目を浴びることになった。しかもしばらく熟成されていたから質が高い。あとはそれらを政権の施策として打ち出すだけで、岸田内閣は大当たりが連続する往年のパチンコのごとく大フィーバーになったわけだ。例えば、「こども・子育て支援加速化プラン」では、なんと医療保険料の上乗せ徴収を少子化対策の財源にする法律を可決成立させてしまった（もちろん足立君は反対した）。また、GX電源法（これは足立君が直接手を入れて修正可決した）を成立させて原発の運転期間を60年超に延長するなどエネルギー政策の転換を着実に実行した。

岸田内閣は、外交安保で完全に安倍路線を踏襲したことも大きい。もっともご本人が長年外務大臣だったのでスムーズに受け継げる。世界の要人もみんな顔見知り、石破総理とは大違いだ。こうして、岸田内閣は案外手堅かった、ああ見えて実績が少なくなく、中身が濃かった……と思い出されるのではないか。

　これもまた仕事の仕方の違いと考えれば、結局は日本の政治、行政のリソースをどう使えば国民のメリットを最大化できるかに行き着くのかもしれん。なんか真面目な話になってしまいましたね。すんません。

▼菅義偉《よしひで》――霞ヶ関の支配者、しかし政策的視点は「どミクロ」？

衆院10期。自民党副総裁。横浜市議を経て96年初当選。安倍内閣で閣僚を歴任、8年弱の間官房長官。安倍氏退任を受け20年首相となるが、21年の総裁選に立候補せず退任。

天下国家と「携帯」「牛肉」

　岸田政権とは正反対だったのが菅政権だ。安倍政権時代に菅官房長官が主導した内閣人事局を通じて霞ヶ関の幹部は完全な統制下、何か逆らえば人事権がピカッと光って斬られてしまうため、特に局長レベルの人たちには緊張感、恐怖感がすごかった。

　このような書き方をすると怒られるかもしれないが、読者諸氏の理解促進のために申し述べておくと、菅元総理は、維新で言えば馬場前代表に近いタイプの政治家だ。

菅元総理も秘書から始まっていて、世襲政治家ではなく、あまりイデオロギーには関心が高いようにはお見受けしない。権力闘争の渦の中で、トップを裏方で支えながら引き締めることが得意だ。

官房長官時代の菅議員には何度か呼ばれたことを記憶している。菅氏はともかく勉強熱心で、自分以外のいろいろな人物から話を聞くことを大切にしていた。朝にパンケーキをいただきながら、ひたすら菅氏からの質問に答えていくスタイルで、それをずっと聞きながら吸収していくのだった。

１年で終わってしまった菅内閣だが、その原因として、よく「菅さんは官房長官としては適任だったが、総理大臣としては上手くなかった」と評されることが多い。同時に、岸田前総理と同様、総理を退任してからの方がむしろ評価が高まった内閣のようにも思える。

これは主に、故・安倍元総理との比較の上での評なのだろうが、足立君の視点では、菅元総理は強権を持ちながら、政策的な発想がどうしてもミクロ的な方向へ寄ってしまうのがとても残念ではあった。

菅内閣の目玉が「携帯電話料金引き下げ」だったことがその象徴だ。確かに日本の携帯電話料金は高かったし、安くすると言われていやだと言う一般国民は少ないだろう。

しかし、一国の総理大臣、内閣の主要政策が「携帯引き下げ」というのは、いくらなんでも、ちょっと話が小さすぎやしません？

電話料金が高ければ、競争政策を整えて各社に競争をさせるべきだし、それは正直言って総務省レベルの仕事だ。しかし菅内閣のやり方は、ご自身が総務大臣経験者だからか、とにかく携帯料金問題をつるし上げて、「下げんかいボケ」である。なんかちょっと、大阪の役所を押し倒していく維新っぽいテイストなんですよね。「自民党松井馬場派」だった維新と菅氏がいい関係だったのも、なんか分かる気がするわ〜。

そして、あわせて申し上げておきたいのは、やはりかつて総務大臣だった菅官房長官が力を入れて実現された「ふるさと納税」である。

皆さん、ふるさと納税はしてはりますか？　足立康史は正直に申し上げてこの制度が好きではない。お金持ちがより多くの税負担をしていることはありがたく感謝しなければいけないが、だからといって多額の税を納付している人により大きなメリットが行く制度設計はあり方自体がいかがなものだろうか。いやね、牛肉はおいしいし、地方の産業を振興するのはいいことです。でも、そんなん地域振興策でしたらいいことですやん。だが現状は、ふるさとも何も関係なく、どこの自治体に入れたらお得なのかをみんなでゲームみたいに楽しんでいるだけ。しかも、「ふるさと納税」に反対した総務省の担当局長は干されてしまった。

もしかすると菅元総理、長年の下支え生活の中で、自分の政治的な力が行政なり世の中なりを変えていくこと自体の快感に目覚めてしまわれたのかもしれない。

菅元総理、コロナ禍への対応など大変ご苦労された面もあることは存じているが、それでも総理大臣としての国家ビジョンが希薄だったことは否めない。細かい分野の改革が大切なのは論を待たないが、かといって携帯電話や牛肉で、国の行く末は変わらない。だからかも知れないが、「趣味は安倍晋三」と言っていたが、思想信条まで含めて安倍さんをサポートしていたわけではなかったのだろうな。権力者としての「安倍晋三」が趣味だったのかな。だから政治心情的に相容れない石破さんを支持したり、高市さんを支持しなかったりしたのかな。それは麻生さんとの力関係でそうしたのかな。いずれにせよ、その辺がちょっと解せなかったが、案外そんなとこだったのかもね。

総理大臣も政権政党も、天下国家の先行きを、視点高く考えなければならないことを、みんなで反省していきたいところだ。フレーズの強さや、権力の快感に溺れたらあかんな、ほんま。

▼麻生太郎――自民党最後のスタビライザー？

衆院15期。自民党最高顧問、志公会（麻生派）会長。96年初入閣、総務相、外相を経て08年首相。退任後も安倍内閣で財務相・副総理を長く務める。祖父に吉田茂、岳父は鈴木善幸。

トランプ氏との会談は「国のため」

自民党総裁選で、麻生元総理率いる麻生派は高市早苗議員を支持し、敗れた格好になった。この一件だけでなく、麻生元総理の影響力低下を語る人は少なくない。それは一面では的を射ている。

しかし足立君の目には、違う麻生氏の姿が見えているため、軽々にそうとは論じられない。それどころか、選挙惨敗、満身創痍の自民党をかろうじて支えている重要な要素の一つが、麻生氏の存在なのかもしれないのだ。

まず、直感的な話から行こう。２０２４年4月、麻生氏は米国を訪れ、その時点で大統領選挙の有力候補とされていたトランプ大統領に面会した。そのこと自体、越権的だとか、外交儀礼を無視しているとか、いろいろ批判する向きもあった。

ただ、今にして思えば、いや当時でも、こんな芸当ができるのは麻生氏しかいない。足立君は、トランプ氏と堂々と渡り合い余裕の笑顔をかます麻生氏を見て、とても心強く感じたのである。トランプ氏側の扱いも丁寧だった。

トランプ氏が大統領になり、日米関係、日米同盟にも大きな変化が起きつつあるし、米中関係の悪化が北東アジアにどのような事態を招くか極めて不透明になる。

そして、かつてトランプ氏と世界のどのトップよりも深い関係を結んだ安倍元総理は、もうこの世にはいないのだ。

そんな中で、オールジャパンの国益を担って、苦労しながらトランプ氏との会談にこぎ着けた麻生氏の存在がどれだけ大きいか。スタンドプレイだ、かっこつけだと批判するのは簡単だが、では他に一体誰が同じような芸当をやってのけられると?

麻生氏はこの時、恐らく私心ゼロ、文字通り「国のため」にトランプタワーを訪れ、ダンディ丸出しのスタイルで、大国・日本の余裕を世界にかましたのだと思う。皆さんもぜひ、動画でもう一度確認してみてほしい。

もちろん、昨年12月に訪米した安倍昭恵夫人を石破内閣が全力で支えたことは言うまでもない。

ところで、政治とカネの問題から自民党の派閥は次々に解散した。2024年4月に茂木派・平成研究会が解散した後は、ご承知の通り麻生派・志公会のみが残っている。この状況を見て、なぜ麻生派だけ存在を許されるのか疑問に思う人もいるだろうし、自民党内部でもどんな扱いになっているのか、足立君も不思議に思っていた。

あるとき機会があったので、自民党の重鎮議員にこの疑問をぶつけて見た。すると極めて納得感の高い見方を教えてもらったので、ここでこっそり皆さんにも共有しておこう。

その方いわく、「麻生派はあったほうがいい。なぜなら、麻生派は【チョーテイ】だからだよ」という。

チョーテイ？　ああそうか、自民党内部でもめ事があったら誰かが【調停】せなあかんよな。確かに麻生さんにはその役目ができるのかも……と思っていたら、さにあらず。

麻生派は【朝廷】なのだ、というのが、その方の見方だったのだ。

朝廷、つまり天皇や貴族からなる政権であり政府。麻生派は自民党の「朝廷」、麻生朝廷なのだ――そう聞いて、なるほどこれは言い得て妙だと思ったものだ。

平安時代以降、朝廷は実質的な権力を弱め、武家が代わる代わる政権を奪い合ったのが日本の歴史であるが、しかしどのような時代でも、鎌倉幕府でも明治維新でも先の大戦でも、朝廷＝天皇が最終的な権威を与え、またどの武家政権もその点を侵さず留保してきたからこそ、日本が永続的に一定の形を保てて
きた面は極めて大きい。何せ、世界最古の王朝である。

麻生派は今、カオスと化し流動化しつつある自民党の中で、誰もが侵せない、しかし本当に危険な状況になったときには収拾に出られる「朝廷」であり、権力闘争の渦がどれだけ激しくなろうと現在地を相対化できる道しるべ、座標軸だ。だからこそ、旧他派の議員たちも、麻生派をわざわざ潰せ、ずるいとは言わない。麻生派があったほうが安心——というのである。

岸田vs麻生でも、菅vs麻生でも、麻生氏がいるから相対化できるし、麻生氏が存在しているから本当にやばいところまでは行かない。逆に、もしも麻生派がなくなってしまったら、自民党にあった見えないガバナンスが揺らぎ、崩壊していくかもしれないのだ。

足立君は今まで、麻生氏は九州北部の代表的豪族、超一流の豪族だと考えてきたが、どうも認識違いだったようだ。皆さんはどう思います？　確かに、麻生元総理の出自、血統、そしてトランプ氏とも向き合える物腰は、自民党の生きている歴史であり、誰にも代わりができないものだ。まあ、石破総理には逆立ちしても無理だろう。石破政権なのか次の政権なのか知らんけど、麻生元総理に頭を下げて、「在ワシントン・トランプ政権担当大臣」かなんかをしていただいたほうがいいんちゃうか？　冗談みたいに聞こえるかも知らんけど、割と本気やで。

そして老婆心ながら、麻生派、麻生氏を欠いた自民党の先行きが、今から心配にもなってしまう。これはそれだけ、自民党にしっかり地に足のついた新しい人材がいないことの証左でもあるからだ。

▼高市早苗——捲土重来、高市政権誕生の条件とは？

衆院10期。キャスターなどを経て94年無所属で初当選。新進党などを経て96年自民党。政調会長、総務相、経済安全保障担当相などを歴任。24年総裁選で石破茂氏に惜敗。

いつもひとりぼっち

その麻生氏の支持を受けたものの、総裁選の決選投票で石破氏を相手にまさかの敗退を喫した高市早苗議員。

読者の皆さんの中には、保守系を自認する方も少なくないだろうし、石破総理のふにゃふにゃな現状や、ついに現実と化したトランプ氏の再任を見るにつけ、今こそ高市総理だ、高市内閣で総選挙だ、と息巻くのは理解できる。

ただ、足立君の見方、そして永田町界隈の風評では、それは難しいんちゃうんか、現実は厳しいで~というのが大勢だと言わざるを得ない。

足立君の知る自民党有力議員の見方を総合すると、高市議員は、政治家としての能力は優秀でも、自民党内のコミュニティー、あるいは生態系にうまくかみ合っておらず、はまり込めてもいないと判断できる。最もこの点は石破総理も全く同じで、前回総裁選の決選投票は、コミュニティーの外側にいたお２人によるまさかの組み合わせだったということになる。自民党の豪族たちにとっては、俗に言う「ウ●コ味のカレーとカレー味のウ●コ」ならどちらを選ぶ？　という議論の典型になってしまった感があるのだ。

まさかの敗退後、麻生氏は高市議員に向かって、「半年くらいあちこちの飲み会に行け」と指導したとかしないとかという話だが、足立君が実際に見た光景からも、たしかに自分が麻生氏ならそう言うかもしれんなあと実感したことがある。

永田町にはいろいろな会合の席があるが、本題が終わると大抵、三々五々与野党の議員が入り乱れて挨拶したり、懇談、雑談したりとわちゃわちゃする状況になる。

ところが足立君は、誰と話すわけでもなく、ポツンと所在なげにたたずんでいる高市議員を、何度もお見かけした経験がある。その姿は、失礼を承知で言うなら「浮いている」と表現して差し支えないほどだった。まあ、足立君も他人のことを言えたものではないが。足立君自身も含め、政治家は一般にこういう挨拶の場に慣れていて、相手が誰であっても親しそうに会話できる人種であるし、それが仕事の一種でもある。まあ、そこだけに特化して政策は一つも知らんアホ議員は世の中によくいるが、逆はあまり多くないのではないか。だから高市議員が一層浮いて見えるのかもしれない。

高市議員は安倍内閣、岸田内閣で大臣を歴任し、女性初の総務大臣も務められた。政治的主張も際立っていて、実力者であることは間違いない。

ただ、コミュニティーに溶け込むのが苦手、ということであれば、大変僭越ではあるが国会議員よりも知事向きなのかもしれない。

足立君が自民党の方々に、「どうです？　今となってはやっぱり高市総理がよかったんちゃいますか？」とジャブを入れても、否定的な声がほとんどだった。

なんでです？　と聞くと、いろいろな答えが返ってくる。うまく表現はできないが、足立君流にまとめると、自民党のコミュニティーでもまれようとしない政治家は、いくら実力があろうとリーダーとしては信頼を集めにくく不安視される、ということのようだ。なぜなら、いざ総理総裁となったあと、党側からのコントロールが効きにくくなることを想像せざるを得ないため、怖い……ということなのだろう。

麻生氏のアドバイスはつまり、高市議員自身が自分を説明し、「自民党にとって、あなたにとって恐ろしい人物ではないですよ」と印象づける必要があることを意味しているように感じられる。

今は自民党自体が縮小して行きかねない危機的状況だ。高市政権になれば離れていった保守票は返ってくるかもしれない。一方で今自民党に残っている議員諸君がそう考えているかどうかはまた別問題である。

なにより、政治家としての自分のあり方、やり方を変えることは結構大変な作業でもある。高市議員の捲土重来を足立君も陰ながら見守っているが、簡単な道のりではなさそうだ。

▼小泉進次郎――「小泉構文」ガチやったんか！

衆院６期。小泉純一郎元首相の地盤を引き継ぎ初当選。19年38歳時に環境相で初入閣。21年総裁選で河野太郎氏を支援。24年総裁選には自ら立候補。当初は本命視されたが失速。

独演は得意でも、受け答えにめっぽう弱い

自民党総裁選は決選投票ばかりが記憶に残るが、足立君は当初菅元総理が推していた小泉進次郎議員の敗退、あるいは国民の支持が落ちていく有様がとても印象的だった。

まず、小泉議員個人の資質の問題。

小泉議員には、どこか維新の吉村洋文代表とイメージがかぶるところがある……というと失礼かもしれないが、ビジュアルがいい、演説上手、政策はよく知らんというのは、なかなか共通点が多い。

小泉議員の演説ぶりには定評があったし、実際にうまいと思う。話の組み立て方、声のトーンや間合い、さらには聴衆をいじったりする面白さまで兼ね備えている。しかも父上はあの小泉純一郎元総理、奥様はあの滝川クリステルさんである。街を歩いていて小泉さんが演説をしていると聞いたら、自民党支持者ではなくても、よっしゃ話のネタに一目見たろうか？　写真撮れたらSNSで自慢できるやん……と思ってしまうこと請け合いだ。

こうした「華」も、政治家の大切な能力の一部である。

ただ、小泉進次郎議員には決定的な弱点があり、それが総裁選で白日の下にさらされてしまった。それは、討論力、議論の弱さ……という以前に、議論を議論として進める力の弱さである。

ネットの世界で長い間流行している「小泉構文」、あるいは「進次郎構文」。読者の皆さんならたいていご存じだろう。念のために説明しておくと、これはトートロジー（同義語反復）の類いを、さも重い意味があるかのように語ることを指すと解されていて、小泉議員の語録がはやったり、「新作」がリリースされるとバズったりする。「プラスチックの原料って石油なんですよね。意外にこれ知られてない」とラジオで発言したとか聞くが、聞いた人の120％が「いや知っとるわ！」と0・2秒で突っ込んだだろう。

そしてネット界隈では、「小泉構文」が大喜利のネタとも化していた。ここまでは、ある意味自分の知名度を上げ、演説を上手に回していくための話法として活用していると解釈できないわけでもない。飲み屋や友人同士のネタとしてもなかなか使えるし、小泉議員がウィットに富んだいい人にも見える。それもまた小泉人気の材料として、今回の総裁選に臨んだ面もあるだろう。

ところが、誰もがなりたい総理総裁を争うガチンコ勝負の総裁選で、これ、小泉君ホンマはやばいんちゃう？　としか思えない事態が何度か出来《しゅつらい》した。しかも、ライブ中継のさなかに。

代表例は、2024年9月14日、日本記者クラブでの公開討論会で、上川陽子議員からもしも総理となったら2025年カナダG7でどんなメッセージを発信するか問われて、

「カナダの首相はトルドー首相です。トルドー首相は就任した年は43歳です。私は今、43歳です……」

……うんぬんという答えを、真面目な表情で発した「事件」だ。

これには、「いやいや、年齢関係ないやん！　43歳とかどうでもええわ！」というツッコミすら起きなかったのではないか。もはやシャレでは済まされないヤバさを、小泉議員に感じた人は少なくないだろう。この人が総理総裁になったら、それこそ日本は終わりかねない……。

こういう言い方をするのはちょっと気が引けるが、聞かれたことに正確に答える、聞かれたことだけに答える、インプットを認識してアウトプットを考え、適切な答えを導くの

は討論や話し合いの基本中の基本であって、この点が苦手ならば政治家はやめておいたほうがいい。いや、ビジネスもあかんのとちゃう？

こう考えると、実は今までも結構いろいろときわどい局面があったんちゃうんかと疑わしくもなる。

小泉議員、事前に準備できることに関しては「真面目」だし、役割を果たせる。たとえば国会で質問したり、答弁したりする際は事前に準備ができる。小泉議員は大量の資料を抱え、答弁前は確認に忙しい。相手の出身地や話題を盛り込むサービス精神も発揮するし、しゃべりがうまいだけに有名議員のオーラも出ていた。

質問側ならこれで十分だし、答弁も官僚が控えているのでどうにかかわせる。演説なら一方通行なので小泉議員のお手の物。しかし今回の総裁選で、ついに馬脚を現してしまった感が強い。

小泉議員については『永田町アホばか列伝』でも「レベルが低い」とぶった切ってしまっていたが、残念ながら7年かかって世間の理解がやっと追いついた、というところだろう。実は『アホばか』の小泉進次郎批判を読んだ知り合い、特に女性から、小泉さんのことを悪く言うな、とお叱りをいただくこともあった。だが、最近は「足立さんの言う通りやったわ」とお褒めの言葉をいただく。いえ、分かっていただければうれしいです。

まあ、これで小泉進次郎総理の線は、相当遠のいたと考えざるを得ないだろう。何を聞かれるか分からない総理には、丁々発止の討論能力が必須である。

足立康史からも一言。小泉議員、反省とは、自分の行動やあり方を省みることです。意外とこれ、永田町では知られていませんけど——あかん、一つもおもろない。小泉構文、案外難しいわ。

付け加えると、こうして小泉議員がたちどころに支持を失う様を見て、どこかの党の皆さんも、トップに相応しいリーダーを選《え》りすぐっていく自民党のガバナンスの強さ、総裁選の仕組み作りを心に刻んでおいた方がいいですよ。どこかの党だと、どんなアホでも後継指名すればぶっちぎりで当選しますからね。

▼河野太郎——「次の総裁」から「次の石破茂」へ転身?

衆院10期。外相、防衛相、ワクチン担当相、デジタル大臣などを歴任。21年総裁選では「小石河」連合で臨むが岸田文雄氏に敗退、24年総裁選では9人中8位で敗退する。

「足立補佐官」からの真心の忠言を贈ります

総裁選での河野太郎議員の惨敗ぶりには少し心が痛む。「小石河」の前回とは一転、全く勝負に絡めなかった状況に、きっとご本人も心を痛めておられるだろう。

思えばワクチン担当大臣や、マイナンバーカード所管のデジタル大臣など、国民の不安や野党の批判にさらされやすい矢面に長年立たされながらご苦労をされてきた。権力闘争の果てにさせられる損な役回りという見方もできるが、河野議員ご自身は実直に仕事をされてきたので、ちょっと気の毒である。

足立康史、デジタルは国家の重要な基盤であり、マイナンバーやマイナンバーカード積極利用断固推進、マイナ保険証ジャンジャン使いましょう派であって、いろいろ不安やデメリットがありながらも、メリットの重要さを訴えてきた者の一人だ。

特に批判の多いマイナンバーの利用推進については、足立君は河野デジタル大臣の自称「補佐官」として、河野大臣と国会でやり取りしながら、反対一色になりやすい議論を実用的に高めようとお互いにがんばってきた。例えば２０２３年4月25日、衆議院地域活性化・こども政策・デジタル社会形成に関する特別委員会の議事録をのぞくと……

足立　ここまではよく進んできたということで、私も議員立法を出したりしてきた立場から、評価を、評価と言うと偉そうですが、高く評価をしています。
問題は、今回の法案もそうですが、これからこのマイナンバーをどう使っていくか、さっき申し上げた、政策競争を大臣とさせていただく、補佐官でもあるわけですけれども、競争しているわけですね。（中略）
今回の法律、閣法にあっても、それはやはりまだ一般に活用する形にはなっていないわけです。法人番号は使われますね。だから、法人番号類似の個人事業者番号というのがあった方がいいのか、いやいや、もうマイナンバーで勝負するんだと。これは大臣がどこかでお決めいただくしかないと思うんですね。
もう御決断はされましたか。

河野国務大臣　これは前回も補佐官とこの話をさせていただきまして、マイナンバーは悉《しっ》皆性《かいせい》があるけれども法令で利用の制限がある、法人番号はいろいろ使えるけれども網羅性がないということで、どっちにするかそろそろ決めにゃいかぬなと思っておりまして、実はこれは、あしたからデジタル臨調、デジ臨の方で、どっちにするか議論を開始をするところでございますので、補佐官もいろいろと発信をしていただければ、その御意見をデジ臨の議論の中で取り入れていきたいというふうに思っております。（以下略）

……などというやり取りもあって、河野大臣、大変な状況ながら細かい「補佐官」ネタに乗ってくださるお茶目さも兼ね備えている。

ＳＮＳの発信も含め、これからもがんばっていただきたいというのが足立君の偽らざる本音なのだが……なかなか先は長そうだ。

河野大臣と「お仕事」させていただいたのも今は昔。殺されてしまった足立康史から、本当の本音で、真心を込めた忠言を一つだけ。

総裁選惨敗後の河野議員に、まるでかつての石破総理のような兆候、香りが見え隠れすると感じるのは、ちょっと取り越し苦労だろうか？

河野さんの社会保険改革や年収の壁に関する政策提案は足立君の考えとも軌を一にする内容だが、自民党内では完全にスルーされている様子。実行の伴わない、あるいは伴わせる気もないような党内野党化、評論家化してしまわないよう、どうかがんばっていただきたい、踏ん張ってほしいと、元「補佐官」は草葉の陰から祈るばかりである。

河野議員、「気がつけば石破化」だけは絶対にあきません。釈迦に説法ですが石破さんが総裁になったのはレア中のレアケース。ど真ん中で戦ってこその河野議員、経済政策も含め、どうすればど真ん中に戻れるかを、ぜひ考えていただきたい。

▼安倍晋三――不世出のリーダーシップ

元首相。在任期間は戦後最長。アベノミクス、「自由で開かれたインド太平洋構想」など外交安全保障で功績。22年応援演説中に銃撃を受け急死。吉田茂以来の国葬が行われた。

あの時が最後になるなんて

２０２２年７月８日の銃撃事件、そして死去から、もうずいぶんと時間がたってしまった。

こういう言い方はどうかとも思うが、自民党、そして日本の政界そのものが漂流し始めた大きなきっかけの一つがこの事件だと言わざるを得ない。

足立康史、12年間の議員生活のうち、初当選からの約８年は安倍政権である。安倍晋三元総理にはご縁があって何度もお声をかけていただき、かわいがっていただいたと自負している。

こうして議員を辞めた今、少しまとまった時間ができたので、文章という形で安倍さんとの思い出を書き残しておきたい。

安倍総理（当時）と足立君の最初の本格的なご縁は、2015年6月12日、安倍総理が出席された衆議院厚生労働委員会での質問だった。少し長いが、引用しておきたい。

なお、（発言する者あり）というのは、労働者派遣法改正案に対して審議拒否をし、出席しないくせに委員室に入ってヤジを飛ばして議事を妨害している当時の民主党の面々だ。

（前略）

足立　私たち維新の党も含めて、この年金〈情報の流出〉問題については、一歩も逃げることなく取り組んでまいる決意であります。

きのう、この場で集中審議をやりました。私も質問をさせていただきました。その場に民主党、共産党はおりませんでした。（発言する者あり）私、政府と議論をしたいんです。

渡辺博道厚生労働委員長　静粛にお願いします。不規則発言は慎んでください。

足立　これは本当に大事なテーマですから、安倍総理にはぜひこれはよく聞いていただきたいんですが、一連の集中審議でいろいろなことがわかってきました。

まず、逃げた問題。逃げたのは、自民党、公明党、政府・与党、そして維新の党ではなくて、民主党であると（発言する者あり）。

渡辺委員長　静粛にお願いします。

足立　年金問題から逃げたのは、維新の党ではなくて、民主党であると改めて宣言をしておきたいと思います。

そもそも維新の党は、今最高顧問である橋下徹当時の代表のリーダーシップで、国会運営においても、新しい政治、新しい国会をつくっていこう、そういうことで我々は新党を立ち上げてここに至っております。そのときに、国会対策、国会の運営においても、実質国会ということで、総理にもぜひ、できるだけ世界で活動していただきたい、そうした思いで国会改革も率先して打ち出してきたところであります。

ところが、今ちょっと騒々しいわけでありますが、こうした民主党のような取り組みは、まさに日程闘争そのものであって、反対のための反対、日程闘争のための日程闘争……（発言する者あり）

渡辺委員長　静粛にお願いいたします。不規則発言は慎んでください。静かに。

足立　私は、このような、かつて見た光景、まさに五五年体制の亡霊が今この委員会室に。

総理、ぜひ、これは真剣に、これから日本は、社会保障を初めとして、安全保障もそうです、大変厳しい時代を迎える。この日本が、今までのような、五五年体制で繰り返していたような政治を繰り返しては、国民の皆様の生活とお仕事をお守りすることは絶対にできない、こうした思いで今、維新だけではありません、自民党、公明党、そして維新の党が、こうして今、総理に向き合っているわけでありまして、そうした当たり前の政治をつくっていくその御決意を、ぜひ総理からもお願いします。

安倍晋三内閣総理大臣　今、足立委員から御指摘がございました。かつて、五五年体制と言われた、自民党対社会党という時代がございました。その中において、いわば予定調和のように対立が繰り返されていたわけでありまして、その中で、残念ながら議論が深まらなかったという歴史があるわけでありまして、その反省のもとに、私たちのまさに議論の場は、この委員会であり、国会であり、その場において真摯な意見を交わしていくことによって、新たな……（発言する者あり）。

渡辺委員長　答弁中です。静かに。

安倍内閣総理大臣　新たな政策あるいは価値が生まれていく、このように確信をしているわけでございまして、何か問題が起こったら、その問題についてしっかりと議論をしていく。

その意味におきましては、年金の問題につきましても、昨日集中審議が行われ、維新の党からも突っ込んだ議論がなされた。敬意を表したいと思います。

我々は、しっかりと、国民の皆様の前で、この委員会において質問を受け、そして政府としては真摯にお答えをしていきたい、このように考えております。（発言する者あり）。

何だか懐かしさにふけってしまいそうになるが、このやり取りが、安倍総理が初めて足立康史という変わり者の議員を認識したときだと思う。与党自民党の委員らからも私の質問に「そうだ！」と声援が飛び交った。「五五年体制の亡霊」という、今まで野党の誰も言わなかった話を表に出し、立場は違っても、ともに乗り越えていこうと意見を交換し合えたのだ。

ご承知の通り、当時官邸は経産省出身者が秘書官の枢要を占めている「経産省内閣」でもあった。当然足立が誰かも知っている。こうして時々官邸から声がかかり、ワインを飲んだり、朝うかがって当日の予算委員会の説明をしたりと、まさに「蜜月」の関係が始まった。当時の維新と安倍内閣とが良好な関係だったことも幸いしたかもしれない。

いわゆる「モリカケ」当時の話は『アホばか』に書いたので繰り返さないが、足立君の一貫した思いとしては、本やＳＮＳなどでも散々発信してきたけれど、反対ばかり、対案もなく「安倍はヒトラー」などと言い続け、何かあったら審議拒否の万年野党をどうにかした上で、本物の議論、本質を突き詰める審議をしたい一身からだったし、安倍総理もそこを認めてくださったのだと思う。後に維新に来られた鈴木宗男さんも、「安倍総理はよく足立さんのこと仰ってたよ～」と教えてくれたし、一方で前述の通り馬場伸幸議員は、院内の維新の部屋に安倍総理が挨拶にいらっしゃるたび、幹事長の自分よりも「足立さん！」となってしまう状況を面白く見てはいなかっただろう。

そして、今こうして維新が万年野党化していくのを足立君がどんな気持ちで見ているか、その残念さを、別の形で読者諸氏にもご理解いただけるのではないだろうか。

安倍総理を超えるリーダーシップを発揮できる政治家が、次にいったいいつ現れるのか。もちろん政治家としての評価は、見る人の立場によって議論があるだろう。

ただ安倍内閣時、そして退任後も存命時には明確な秩序があった。一挙手一投足にみんなが注目し、少しずつではあるが、でも確実に今まで進まなかった難問が前進する実感があった。変な言い方かもしれないが、反安倍だった野党や団体の皆さんにとっても、状況は同じだったのではないか。

最後に、小さな後悔を書き残しておく。

安倍元総理と最後にお目にかかったのは、都内のあるレストランにお招きいただき、夕食をいただいた時のことだった。

たいていは安倍元総理の質問に足立がいろいろと考えを申し上げ、時には自分の話したいことを申し上げ、楽しい時間が過ぎていく。

その日私は、「モリカケ」騒動の中で自ら命を絶った近畿財務局職員・赤木俊夫氏の奥さんのことについて「進言」をした。当時赤木夫人は情報開示などで司法闘争を続けていたのだが、元官僚である足立君の私見として、財務省は情報開示をするべきであり、何というか、ちゃんと面倒を見てあげてほしいと申し上げた。

安倍元総理の真意はわからなかったが、100％同意、というわけでもなさそうに見えた。考えたとおりのことを申し上げたのだが、余計なこと言ったかな？　とも少し思った。せっかくの場の雰囲気が、ちょっとだけ、冷めた感じになってしまったかもしれない。

そして、再び安倍元総理にお目にかかることは、二度とかなわぬ夢になった。

その日が、そのときが最後になるなんて夢にも思わなかった。

知っていたら、和気あいあいのまま、いつもの楽しいままで終わらせただろうに。多分生涯忘れることのない、足立康史の小さな後悔である。

総理！　日本の政治、世界の状況、えらいことになってますけど、どうご覧になりますか？

そして、不肖・足立康史、今こんなんですけど、日本のために、これからも働いてまいります。社会保障から外交安保、そして憲法改正まで――ぜひ質問をしてみたいテーマは山積しているけれど、答えはもういただけない。

改めてご冥福をお祈りいたします。

公明党って政治家個人のキャラを売ったらアカンの？

最後に、自公連立が少数与党となった今、公明党の現状とこれからについて述べておこう。

すでに触れたとおり、公明党は自公連立において自民党を支える杖として機能してきたが、絶対に折れず、また自民党とも同化はしない。創価学会という強固な軸があるからで、だからこそ杖としても強固だ。

今回の総選挙で、足立康史は、大阪府内の小選挙区で立候補した4人の公明党候補者のうち3人の応援演説を買って出た。今までいろいろとお世話になっていた方からの依頼をいただき、人物として推薦できる3人を応援させていただいた。いや、明らかにこの人たち、相手の維新の候補者より優れてますもん。

厚生労働副大臣を経験され、「壁」問題の今、絶対に国会にいてほしかった伊佐進一さん。アホ野党、ボケ維新とは違い、財源についてもしっかり考えて発信されている。京大の先輩、衆院10回当選の元党副代表佐藤茂樹さん。素晴らしい見識の持ち主だ。そして国重徹さん。弁護士で、一緒に議員立法をやってきたことがあり、その優秀さはよく存じ上げている。

だが、結果は残念だった。

維新は今回初めて大阪の全小選挙区に候補者を立て、全勝した。数字だけ見れば大阪以外で失った議席をカバーできたのだろうが、公明vs維新の争いは、近い将来にはまず修復不可能だろう。

『アホばか』でも述べたとおり、公明党が戦後日本の左傾化を止めてきた役割は大きい。新参の維新といえど、その上でできあがっている政治的地平に立っていることは知っていていい。

だが、維新はそれに対してのリスペクトがないばかりか、むしろ傍若無人といっていい態度に出てしまったことは、公明党にとっても維新にとっても残念である。

同時に、公明党も今回比例で票を大きく減らしている。自民党の失態による影響もあるが、高齢化の影響もあると言われている。今後は、さらに若い人から支持を受けられるような方策を考えなければならない局面にさしかかりつつあるのかもしれない。だが、公明党の性格上、なかなか政治家個人のキャラが出しにくい。面白いことというたらあかん、というのはあるかもしれん。引退された太田昭宏さんなんて、めちゃくちゃ面白い方なんですけどね。

ただ伊佐さんのような、ＹｏｕＴｕｂｅもやってＲｅＨａｃＱあたりにも出て、名前で売っていこうという人も出始めている。足立君のニコニコチャンネルプラス「足立康史の政策・政局解説チャンネル」にも、第１回ゲストで来ていただいた。

面白いのは、昨年12月10日、政治改革の実現に向けて公明党が国民民主党と共同して、政治資金をチェックする第三者機関を国会に設置するための法案を衆議院に提出しことだ。埼玉の小選挙区で石井啓一前代表が国民民主党議員に敗れるという選挙の直後であるにもかかわらず、である。公明党の懐の深さを垣間見た思いがした。

代表が落選するなどいろいろと大変な状況からの立て直しだが、与党内で自民党に埋没せず、コロナ禍当時の給付金など独自の色を出していく存在感を保っていけるか。維新や国民民主党といった第三極と自民党との間をつなぐ役割がどうなっていくか、そして公明党としてのあり方に変化が出るのか、注目していきたいところだ。

第4章
国民民主党 玉木さん 勝負の時に 何してまんねん！

無党派＋労組の2階建て政党から深化できるか？

昨年10月の総選挙後、ハング・パーラメント（単独過半数の政党がいない宙吊り国会のこと）の「台風の目」と化した国民民主党。議席数以上の意味のある大勝、大躍進であり、「103万円の壁」をはじめとする政策イシューの訴え方とも相まって、本当にいろいろな刺激を日本の政界にもたらしている。また現状は事実上のオーナー政党である党のあり方もまた、なかなかに興味深い。もちろん、玉木雄一郎代表（党員資格停止中）その人も。

いろいろなことが一挙に起きたので、現時点での国民民主党、そして玉木代表に対する論点をいったん整理しておこう。

・オーナー政党×労組支持の2階建て政党
・若者の支持をなぜ取れるのか？
・天才的な政策イシュー・セッティング能力
・キャスティングボートの賞味期限は？

まずは現在の国民民主党のユニークさ。

国民民主党がひとまず異彩を放っていることは誰の目にも明らかだが、足立の目には、この党が際立った支持構造を持っている点に興味津々だ。

国民民主党は、玉木雄一郎代表の事実上の「オーナー政党」であると同時に、連合が立憲と並んで支持している「働く人々」のための政党でもあって、その両方に立脚しているというか、おいしいところ取りしているというか、水と油が上手く溶け合っているというか、そうした支持構造が、足立君には興味深いし、他の政党と比較しても際立っている。

だって、考えてみてくださいよ。連合が支持しているのは立憲と国民民主だが、次の章でも見ていく通り、立憲は、その衆院選での獲得議席数が示すほど大勝したわけではなく、自滅した自民党を嫌って小選挙区における消去法で選ばれた結果。比例票に至ってはほぼ横ばいだ。

一方の国民民主は、比例票が実に2・4倍、しかも都市部ではもはや立憲を圧倒して野党第一党をうかがう支持を得ている。あ、もちろん、かつての後塵《こうじん》を拝していた維新を、いまは大きく引き離している。

今の勢いを得て国民民主党がどういう道を選ぶか。永田町で見ていれば、玉木代表は、かつて行動をともにした希望の党、つまり小池都知事・都民ファーストとは共存しつつ、維新とは切磋琢磨しながらも、これまで維新に流れていた都市部の無党派層をガンガン取り込みに行くだろう。そして大阪も切り崩しにくるはずだ。大阪進出の戦略戦術なら、足立君がいくらでもアドバイスするで〜。

そして、国民民主党は若年層、10〜30代の支持獲得に成功していて、いずれもやはり立憲や維新を超えて野党第一党、20代に至っては自民党よりも高い。昨年12月のNHK世論調査によれば、国民民主党が政党支持率11％と、立憲民主党の9％を上回り、初めて野党のトップになった。国民民主は18〜29歳で28％と立憲民主の11％はおろか、自民の16％も上回り、全政党でトップに立った。40代、50代の働き盛り世代でも国民民主がともに14％で、立憲の倍以上と大きくリードしている。

この背景にあるのが、いわゆる「103万円の壁」をはじめとする政策イシューのセッティング、そして「令和の所得倍増計画」、「手取りを増やす」というメッセージのうまさだ。

50代以上の人にしか分からんかもしれんけど、国民民主党は80年代の民社党のような労使協調路線をとる労働系右派、いわゆる同盟系の労組が支持してはいるけれど、それに止まらず、より広く無党派層、働く人々や若い人々に対する訴求力を持ち始めている。そして、こうした戦略、方向性は極めて正しいと思う。

連合という組織団体だけに依存している限り、いくら立憲よりまともで、立憲より現実的な政策を訴えることができても、どうしても自民党を切り崩せず、万年野党となって、やがては自民党レジームの小道具、舞台装置に成り下がる。

厚生労働省が昨年12月に公表した２０２４年「労働組合基礎調査」によると、労働組合に加入している人が雇用者に占める割合を示す推定組織率は16・１％と、過去最低水準を更新し続けている。労働組合員数は９９４万人となり１０００万人を下回っているが、他方で、女性やパートタイム労働者の労働組合員数は、それぞれ３４７万人、１４１万人となり、増加を続けている。

つまり、労組を支持基盤としつつ、それに止まらず、より広く無党派層、一般の働く人々や若い人々に対する訴えを拡げていくことが大事となる。玉木さんや榛葉《しんば》賀津也《かづや》幹事長らの仕事ぶりをみていると、本当に日本政治の柱になっていけるような期待が持てる。そして、立憲民主党と国民民主党の得票傾向、支持傾向の差を見ていると、未来への可能性を感じるのは、やはり国民民主党ということになる。

国民民主党の支持傾向は先ほど述べたとおりだが、他方の立憲民主が強いのが高齢者で70歳以上に限ってみると、国民３％に対し、立憲13％。「オールドリベラル政党」の名を欲しいままにしている。

前の章で述べた自民党の動向に対する予想が当たるなら、遠くない将来に再び解散総選挙がやってくる。国民民主党が今の勢いをキープできれば、日本維新の会がとうとうできなかった「政権交代可能な二大政党」が、実現できるかもしれない。

順番が前後したが、この勢いを生み出した大きなエンジンになっているのが、奇跡的な議席数のポジションと、「年収の壁」問題のセッティングのうまさである。

まず、現状は自公与党で過半数に足りないが、立憲、維新、国民のいずれかから協力を得られれば法案、予算処理が可能だ。しかも立憲は話にならず、維新はアホやから自民党とも公明とももめており、政府与党は相手にしないだろう。

昨年12月の与党による令和7年度予算編成大綱に「教育無償化」という言葉が入ったと維新は大喜びしていたが、その具体的な文言を見て、おったまげた。

児童手当の抜本的な拡充を満年度化するとともに、出産等の経済的負担を軽減するほか、授業料等減免及び給付型奨学金について、多子世帯の学生等に対する授業料等減免を拡大する。

←児童手当の抜本的な拡充を満年度化するとともに、出産等の経済的負担を軽減する。また、教育無償化を求める声があることも念頭に、授業料等減免及び給付型奨学金について、多子世帯の学生等に対する授業料等減免を拡大する。

と教育無償化を求める声があることも念頭に追記しただけだった。

空手形というか、単なる修飾語であり、行政的には何の意味もない。

それに先立つ昨年12月11日の自民公明国民３党の幹事長会談で交わされた合意書はこうなっている。

一、いわゆる「１０３万円の壁」は、国民民主党の主張する１７８万円を目指して、来年から引き上げる。

一、いわゆる「ガソリンの暫定税率」は、廃止する。

基礎控除は「引き上げる」、ガソリン暫定税率は「廃止する」と明確に書いてある。これが合意というものだ。日本維新の会は新執行部になったが、引き続き、政府与党は交渉相手とは見なしていないのだから、国民民主党は「178万円を目指す」という三党合意をベースに、悠々と来年度予算が成立するまで、また税制改正が成立するまで、交渉を継続すればいいのだ。

こうした中で、維新が「空手形」だけ手にして来年度予算案に賛成などしようものなら、あるいは、維新が急に切腹する勢いで公明党に土下座して謝り、石破総理と手を握ってまさかの自公維政権が成立すれば、玉木代表にぶらさがる記者も、写真週刊誌のカメラも激減するだろうが、まあその可能性はほぼないやろ。そんなことしたら、維新が溶けて無くなってしまう。

「壁」問題の、本当の意義とは？

状況は刻々と変わるし、この本は「壁」問題の詳細や論点について語るものではないので省略する。再確認したい方は足立君のＹｏｕＴｕｂｅチャンネル「あだチャン」か、ニコニコチャンネルプラス「あだチャン＋」をご覧ください。

足立君の注目ポイントは、誰もが触れなかった「壁」問題に世間の目を向けさせたテクニック、政策イシューをセッティングする力や、その巧みさである。

ネットで「壁」問題を調べましたか？　税と社会保険の「壁」があって、なかなか複雑だ。

・「年収の壁」には「103万円」だけでなく「106万円」「130万円」もある
・そもそも3号被保険者をどうする？
など年金制度に問題がある？　少子化との関係は？
・インフレなのに「壁」の額が連動していないのはそもそも制度としておかしい
・いやいや、そもそも「壁」があること自体おかしい
・「壁」を取り払うための財源をどうするねん、自治体が干上がるで
・働きたいのに働けないなんてアホ丸出しや

……うんぬんと百家争鳴状態。ただでさえ論点が別府の竜巻地獄のごとく噴出し、しかも牛丼も海鮮丼もうな丼もごちゃ混ぜの特盛り状態、訳分からなくなりそうなのに、税は財務省、社会保障は厚生労働省マターであって、どっちかが何かを言い出すとどっちかが騒ぎになる。まあまあ、どうせデフレなんやし、いらんことせんとじっとして触らんとこ……で、この30年ずっと来てしまった。

玉木さんを批判する向きの中で、まあまあまともな部類に入るのは、「国民民主や玉木代表は『103万円の壁』をやたら強調するけど、それ大した話ちゃうやろ？　103万が104万になったって税金5000円しか増えひんやん。9500円手元に残ればいいですやん」というもの。

この話はその通りで、税は103万円の壁を越えても、累進課税だからさほど大きな問題にはならない。しかし、大事なのはそこじゃない。1995年から三十年間もの間、基礎控除＋給与所得控除の金額が103万円で据え置かれていたことが大問題だということに国民民主党は気が付いたのだ。

そして選挙では、分かりやすさも大事である。どれだけ正しい政策、公約であっても、有権者に振り向いてもらわなければ話にならない。社会保険に係る最初の壁は「106万」だし、本当に大きな谷は社会保険上扶養を外れる「130万円」だが、壁としては、学生の扶養特別控除のラインである103万円がとても有名であり、アルバイト経験を持つ人なら誰でも「なんで103万やねん、半端やなあ」と思いながらも、強烈に心に刻まれている数字である。

国民民主、そして玉木代表だってそんな事情は承知の上だ。しかし、議論の入り口として有権者に訴えるには、１０３万円、そしてみんなが痛感しているインフレと基礎控除の関係を議論する方が、ずっとわかりやすいし、パンチがあるし、「自分ごと」としてピンと来る人が多くて広がりが出る。導火線に着火しなければ、結局爆弾はそのままなのだ。

ここを読み切って切り取ったのが、玉木代表の天才的な感覚、センスなのだ。

国民民主は結果としてキャスティングボートを握り、予算審議の行方と税制改革の議論がセットになって、「壁」問題は連日マスコミやネットで大議論となった。デフレ局面からインフレ局面へ変わるタイミングで、この基礎控除の問題に焦点が当たるのは「必然」なんだけど、それを、またこのタイミングで国民民主党にキャスティングボートが与えられたことは「奇跡」と言ってよい。維新からアホみたいな顔した議員が自民党に何人か取り込まれて過半数を回復すれば日の目を見なかっただろうし、そもそも自公が過半数を押さえていれば相手にもされなかっただろう。

だが、選挙の結果は絵に描いたようなハング・パーラメントとなり、主導権は国民民主党が手にした。そして、こういった状況でどう勝負するか準備ができていたからこそ、即座に対応が可能なのだ。これが、政権交代までを見通している野党のあるべき姿である。

どこかのアホ政党の代表のように、根拠もなく思いついたことをポンポンツイートして、法案にもせんとテレビでふわふわしたポエムを語って、他の野党からも身内からも冷ややかに無視されるのとは大違いである。

こうして初めて、「壁」問題は国民的な関心事としてもろもろの複雑な問題が共有され、議論の深化が始まる。もしこれが逆に、選挙で細かい話ばかり訴えていたら、全体が動くことはなかっただろう。もちろん自民党の豪族たちや役所も控えているので100点満点は取れないが、ギリギリの交渉と合意形成を続けながら、30年ぶりに壁が動いたこと自体、さらに後に続く力になる。

このセンス、政策イシュー・セッティングの力こそ、今の国民民主党、玉木代表が持っている武器なのだ。昨年末にニコニコチャンネルプラス「足立康史の政策・政局解説チャンネル」の初回スペシャルにゲスト出演してくれた際に、どうやって訴求力ある政策メッセージを打ち出しているのか聞いたら、まさに、選挙戦の真っただ中で、有権者の反応を自ら感じ取りながら訴えの重心を変えていくのだという。さすがですね。

玉木代表として、もしも本当に二大政党の一翼を担い、政権交代を目指すのであれば、労組を基盤としつつ無党派、広い意味での働く人々からの圧倒的な支持を固めていくことが必要となる。そして、維新という悪しき悲しき前例からも学んでいただき、玉木個人商店、玉木オーナー政党から、ガバナンスの効いた大政党に脱皮するところまで、どうか完走してほしい。皆さんも、この趣旨に賛同するなら後押ししてあげてください！

▼玉木雄一郎――足立が夫婦で一緒に反省してあげます！

衆院6期。旧大蔵・財務省を経て09年初当選。民主党、民進党、希望の党、旧国民民主党、18年に代表。立憲に合流せず20年現在の国民民主党代表。23年には前原誠司氏を破り再選。

最高のパフォーマンス、最低の倫理観!?

政治家としてのセンスには100点どころか、1万点上げてもいい玉木雄一郎代表。ひとつの時代を拓いたと言っていいくらいの仕事をすでにやってのけた。

たとえ、倫理的に課題があっても……。

あのね、本当に、本当に本当に大事な時期なんですよ。目の前で政界が動くとか政局がどうなるとかいうレベルじゃなしに、日本のこの先10年、50年、100年が、今の状況をどう打開し、新しい政治的地平を開いていくかにかかっていると言って過言ではないわけです。

それなのに何してくれてんねん、どアホ‼

玉木代表の不倫問題もろもろについては、皆さんのほうがお詳しいでしょうから書きません。

実はこの問題が世間に炸裂する前、足立君は玉木代表、榛葉幹事長から食事のお誘いを受け、久しぶりにじっくり話ができる機会を楽しみにしていたのです。ところが直前に玉木さんが参加できなくなり、どうしてかなと訝しがっていたんやけど、玉木代表の不倫発覚という事情を知って、まあなるほど、これはどうにもならんわなあ……と思った次第である。沸騰するニュースやネットの反応を見て足立君は何だか、久しぶりに高松で観光して、おいしいいりこだしのきいた讃岐うどんが食べたくなりました。皆さんもぜひどうぞ。

かくして、2024年12月4日から3カ月間、ちょうど令和7年度予算のメドがつきつつあるだろう時期まで、玉木代表は役職停止となった。残念だが仕方ない。国会運営と選挙、党内外の反応をにらむと、まあ絶妙な落とし所だったのかもしれんね。

レアキャラ中のレアキャラ

玉木雄一郎代表、よく知られている通り、もとは大蔵・財務省の出身である。足立君はやたら玉木代表をフォローするなあとお感じの方もいるだろうが、その背景を、官僚出身の同世代、似たもの同士だからだと想像されるのは、やや話が矮小化されていると思う。

官僚21年、国会議員12年を経て痛感したことがある。もはや言うまでもないが、国会議員にアホは多い。むしろアホが多数派、アホだらけ、アホまみれ、アホの楽園ですらある。

アホではない人の中には、素晴らしいビジョンや国家観を持っていたり、何かの政策分野に通じていたり、人間として尊敬できるキャリアやバックボーンを持っていたりして、国民の代表たるすばらしいリーダーシップを備えている方もいる、でも、残念ながら少数派である。

そして、もはやポケモンのレア個体並みの存在なのが、その中で、さらに法案の読み書きと作成ができる、思考を法案に転換できる技能と感覚を持つ国会議員だ。

私の経験上、衆参700人のうち、冗談抜きでほんの数パーセント、何十人いるかいないかである。そしてその多くは霞ヶ関で鍛えられた官僚出身者だ。

では元官僚なら誰でもいいのか。政府与党であれば官僚はスタッフとして使えるし、野党であってもヒアリングを重ねて官僚機構の持つリソースを利用することはできる。しかし、政治家としての意志と、法案作成能力、法案に落とし込む感覚を併せ持った人というのは、手前味噌であるが貴重な存在なのだ。

玉木代表は、そのレアキャラ中のレアキャラ、さらにその進化形である。今指摘したカテゴリに属する人であっても、選挙で無党派層にシンプルな政策イシューを訴えるセンス、党の看板を背負い水面下ではなく表でパフォーマンスできるチャンスまで持ち合わせているることはそうそうないからだ。数だけで言ったらパンダよりも少ないですよ。

実は足立君、『アホばか』で当時民進党だった玉木雄一郎議員を取り上げ、ぶった切っている。今の盟友ヅラしている足立君はエラい変わりようやんかとお思いかもしれないが、玉木議員はこの当時、足立議員のことはあまり詳しく知らなかったらしい。

もっとも、アホの巣窟だった民進党のためにその知性を使っていたのが主な攻撃の目的だったので、それ以降、特に国民民主党の代表として個人商店の看板を背負いだしてからは、むしろ陰ながら応援に回ってきたのだった。

特に、いち早くＹｏｕＴｕｂｅ番組「報道特注」で注目いただき、自分のチャンネル「あだチャン」も登録者数で玉木さんを凌駕していた足立君は、「たまきチャンネル」にもゲスト出演し、ノウハウも惜しげなく玉木事務所のスタッフに提供した。動画でもいい話ができたし、結果として視聴回数もついてきて、玉木議員にその有用性を体感してもらうことができたと自負している。「たまきチャンネル」はワシが育てたのですよ。すまん、ちょっと盛った。

そして昨年12月11日の自公国合意の当日深夜、ニコニコチャンネルプラスの銀座スタジオに来て「足立康史の政策・政局解説チャンネル」の初回スペシャルにゲスト出演してくれたことは忘れへんで。

玉木議員も、足立康史がいちばん実のある政策論ができると考えてくれていたようだし、足立君がいよいよ議員を辞めるという際にも、惜別、応援のポストをしてくれた。あの状況で、じんとこないわけはない。私だって人間ですもん。

私の妻が認める日が来るまで

ところで、玉木礼賛を続ける足立に、冷ややかな視線を向ける人物がいた。もう一人の足立、つまり私の妻である。

足立君の妻は足立君と通産省の同僚で、玉木代表とも同時期に同じハーバードで官費留学していた話は、足立君の指導で花咲いたＹｏｕＴｕｂｅの「たまきチャンネル」でもお話しさせていただいたことがあるので、ご存じの方もいるだろう。

ここでは、今だから分かる話を含め、もう少し詳しく述べてみよう。

足立康史と妻は、実は入省前からの知り合いである。足立は京大、妻は東大で水泳をしていて、大会で知り合ったのが最初の縁だ。したがって、結婚時は20代半ば、官費留学よりも前だった。

足立康史はコロンビア大学大学院に進んだが、妻はハーバード大学ケネディスクールに留学することになった。そこで同期だったのが、大蔵省からやってきた若き日の玉木雄一郎君だったわけだ。

つまり、玉木代表にとっては、足立君と出会うよりも20年近く早く、足立君の妻と知り合っている。そしてこの時点で妻は「足立」に改姓しているので、玉木雄一郎氏にとっての「足立さん」とは、ハーバードで同期だったあの通産省の女性を指していたことになる。

さて、その足立さんこと私の妻は、「玉木事件」を聞いて妙に納得していた。まあまあ、そうなることは分かっていた、何にも変わっていないね玉木君は……くらいの勢いである。どうしてなのか。ハーバード時代の玉木君は、スポーツマンでいつも汗をかいていたのに、痛風になりそうなくらいバク食いしていたというのである。

無類のグルメで食べ過ぎ、栄養過多。結構なカロリー消費をしているはずなのに痛風とは、なかなかの摂取量だったに違いない。

それから20年。維新のぽっと出の足立康史とかいう、野党議員のくせに野党を攻撃して懲罰常連のお騒がせ代議士に絡まれて面倒だなあ、誰やねんこいつと思っていた玉木議員だが、あるとき、予算委員会をやる衆院第一委員室で、足立康史が「あの足立さん」の夫であることを知って、めちゃくちゃびっくりしたそうだ。それまでは別に相手にしていないという雰囲気だったのが、「あの聡明な足立さんと結婚したということは、表向きアホやばかや言っているけれど、それなりに考えがあってやっているのかもしれない……」と思ってくれたのだろう。そこから、玉木議員と足立君との交流は深まった。

ともかく、玉木雄一郎代表には、私の妻が「玉木君を誤解していた、見直した」と言う日が来るまでは、ひとまずがんばっていただきたい！

あ、反省は日々するように！

第5章

立憲民主党
右旋回
万年野党も
迷走中

――もう枝野・蓮舫時代には
戻れない理由

「勝った勝った！」えっ、どこが？

総選挙、議席数だけで言えば改選前の98議席から148へと「大躍進」した立憲民主党。そら見たことか、「ウラ金まみれ」の自民党は有権者の支持を失っている、我々は与党の過半数割れを目指してやってきたし、今回は大戦果、大勝利だ……野田佳彦代表のおっしゃったことを足立流にダイジェスト化するとまあこんな感じでしょう。

しかし、せっかく作り出した与党過半数割れ、少数与党の状況なのに、今国会で立憲民主党の存在感、野党第一党の重量感が感じられない理由は何なのか？

正直、ほとんど注目されていないし、ニュースのメインにもなっていない。議席数では5分の1しかない国民民主党のパフォーマンスと比べたら、ごっつい歳費と政党交付金かかっている割にしょぼいですよね。皆さん仕事しましょうね。

これこそが、反対反対だけを言い続けてきた万年野党の真の姿である。もっとも、立憲の皆さんも少なからぬ国民も、過半数の数合わせ上の都合上そう見えるだけと考えているかもしれないが、根はもっと深いのだ。

だいいち、立憲は本当に「大勝利」したのだろうか？　自民党はご承知の通りの状況、一番票を伸ばさなければならなかった維新はご存じの通りのていたらくで自滅大敗、そして国民民主党も、いかに人気を集めたとはいえ体制が追いついておらず、小選挙区はがら空き、比例の議席配分で候補者が不足してさえいた。

立憲にとってはおあつらえ向き、市ヶ谷の釣り堀もびっくりの怒濤の入れ食い状態だったはずなのに、蓋を開ければ比例票はほとんど横ばい。自民党との一騎打ちの構図になった小選挙区では当然有利に展開したが、裏を返せばそれだけである。積み増しした議席分は敵失のおこぼれ、そしてそれ以上に議席が爆発的に伸びなかったのは、立憲のミス、あるいは限界である。

国民民主党が次回の総選挙を手ぐすね引いて待っているのとは対照的に、立憲には今以上に伸びていく勢いはない。

その背景を３つ指摘しておこう。

まず、立憲が攻撃しているかのように見える企業団体献金の問題。しかし実際、立憲の訴えは微妙である。「企業団体献金は廃止するんです！　カネで民意をゆがめるな！　私たちは自民党を許さないぞ！　……うーん、でも、政治団体からの寄付はいいんじゃないんですかねゴニョゴニョ」といった感じ。そう、企業団体献金を完全に封じてしまうと、自分たちも困ってしまうからだ。この論点が、ハング・パーラメントのなかで合意形成をしていく過程で、逆に立憲の煮えきらなさとして浮き上がってしまっている。ぶっちゃけて言えば「おたくらだって団体からカネもろて民意を誘導しているんとちゃうんかい！」というツッコミを招いてしまっている。もちろん立憲の皆さんも重々お気づきだろうが、だからといってどうすることもできない。労働団体の支援を断りたくないのが彼らの本音だからだ。

次に、無党派層の「疑い」を受けている状況。大きく党勢を伸ばすためには無党派層の支持を集めることが必須だ。フォローの風が吹いている状況なら、積極的に選んでもらえなくても、まあ立憲で仕方ないか、自民党よりはマシだし……と思ってもらえる最低のラインだけ確保しなければならない。

しかし比例票が全く伸びなかったのだから、立憲は無党派層にむしろ不安を抱かせてしまっていることになる。特に激動する国際情勢、そして北東アジア安保の問題に対して、立憲に何か案があるようには見えなかった。国民民主党・玉木代表が「政治闘争は国境まで＝安保に関しては自民党と大きく変わらない」と断言して安心感をアピールしたのとは対照的だ。

最後は、代表選で野田佳彦議員を選ぶあたり、立憲も「分かっているんだな」と足立君の中で少し評価が持ち直している、あるいは、そうするよりほかにない状況になっていて、ただでさえ高齢化している左派の支持層がれいわ新選組に流れている。国会もカオス、自民党もカオスだが、立憲もまたカオスなのである。これは、人物の解説の中で述べていくことにしよう。

▼枝野幸男＆蓮舫——全ては都知事選の惨敗から始まった

【枝野氏】衆院11期。同憲法審会長。日本新党から93年初当選。民主党政権で官房長官、外相、経産相。17年旧立憲、20年現立憲で代表に。21年辞任。24年代表選では野田佳彦氏に敗退。

【蓮舫（齋藤蓮舫）氏】元参院４期。10年初入閣。16年民進党代表。17年には立憲民主党に参加。24年参院議員を辞して東京都知事選に立候補するが、小池百合子都知事、石丸伸二氏に次ぐ3位に終わる。

石丸氏に足下すくわれたふたり

野田代表を差し置いて、説明の都合上枝野、蓮舫両氏を取り上げるのは、ご両人が象徴している立憲の左派が退潮したからこそ現在の野田体制が生まれたからだ。

そして、この流れを決定づけたのが、もうお忘れの方も多いかもしれないが、蓮舫元議員が参院議員を辞職して立候補した２０２４年７月東京都知事選挙での惨敗である。

現職の小池知事を負かしに行く勝負をしたつもりが、実際は石丸伸二氏にも大差をつけられての第3位。一般にこの都知事選は、石丸氏に象徴されるSNSをメインとしたネットの影響力が可視化された端緒として語られることになるのだろうが、立憲的視点では、そこに「もう共産党と一緒に戦っても選挙には勝てない」という強いショックをもたらしたのである。

足立君は立憲や共産党を1ミリどころか1マイクロメートルも支持していないが、冷静かつ客観的視点では、一応立憲が都知事選で共産党と協力するのはあり得る話だと考えていた。なぜなら東京の立憲はもともと共産党寄り、そして東京都はもともと共産党の存在感が大きい地域でもあるからだ。まあ卵が先かニワトリが先かの話でもあるけれど、一般論として、大阪も含め大都市での選挙で共産党は一定の存在感がある。

そこで負けたことのネガティブ・インパクトは、1ナノメートルも立憲や共産党を支持していない読者諸氏であっても、想像に難くないだろう。小池都知事に勝てないのは仕方がなかったとしてもせめて「いい勝負」をして、蓮舫さんはどうぞ次の総選挙でババーンと衆議院議員になったらいいでしょう……既定路線のはずだったのに、維新を含めた政党の推薦や支持がまったくない石丸氏にさえ完敗してしまったのだ。

足立君の見立てでは、続く9月の立憲の代表選挙で、この点が党員間の最大の争点、選択のポイントになった。つまり野田議員を支持するのは「もう共産党との選挙協力はしない＝右旋回」、枝野議員を支持するのは「共産党との協力維持＝左傾化維持」であって、まずまずの差をもって野田議員が選出されたということは、現時点での党の進む方向について一定の結論が得られた格好になるわけだ。

つまり、結党以来党の顔として存在し、連合の懸念を振り切って共産党と協力してきた枝野路線は終了した。少し早まった判断かもしれないが、世の中の流れ、有権者の意識を見るに、もう共産党と共闘することは、無党派層に嫌われて票を失うばかりなのでできない。枝野議員が党を再度引っ張れる可能性は薄く、事実上枝野路線の終焉とみて差し支えないと思う。

▼野田佳彦――圧倒的なセンスのなさ

衆院10期。元首相、立憲民主党代表。県議を経て日本新党から93年初当選。新進党を経て民主党政権で財務相、首相。希望の党に合流せず無所属等を経て20年立憲へ。24年代表。

「103万円の壁」と「選択的夫婦別姓」の差

立憲民主党の軌道修正のハンドルを握る運転手役の野田佳彦氏。確かにキャリアから見ても、安倍晋三元総理との関係から考えても、野田議員が今の立憲の代表に適任、と考える人が少なくないのはわかります。

でも、野田代表、正直言って、課題が少なくありません。センスもなければ、感覚もちょっとおかしいで。立憲の票が伸びなかったのは、野田代表自身の課題も少なくなかったんちゃう？

先ほど、立憲が安保で無党派層の支持を受けにくいと述べたけど、もっとひどいんは、マクロ経済をどう運営していくかの問題でしょう。

立憲は総選挙の公約で、「日銀の物価安定目標を『2％』から『0％超』に変更するとともに、政府・日銀の共同目標として、実質賃金の上昇を掲げる」とした。

これ、無党派層には「立憲は経済成長なんて限りなくゼロに近くても構わないと考えている」と受け取られても仕方がない。そして、賃金があくまで物価より遅れて上昇してくるという遅効性がある以上、ゼロプラスアルファ程度の物価上昇に抑え込むなら、結局実質賃金だって上がらんとちゃいますのん？　という疑問が、どうしてもわいてくる。

国民はばかではない。ダイレクトに手取りを増やすと訴えた国民民主党に無党派の票が流れた事実は、野田代表率いる立憲の経済政策のセンスが国民民主党にはるかに劣っていることをこれ以上なく示しているわけだ。

難しい話じゃないんですよ。今の世の中、立憲のこんな経済政策は、ＳＮＳでは「立憲は経済成長せんでもいいって言うてるで。今あるもんをみんなで分配しまくって死ねって言うんかい？　やる気あるんか？　アホちゃうか？」と思われ、切り取られて拡散していくんです。違います、そうじゃないんですよと訂正しても後の祭り。そこを気にするセンス、気遣う能力がないから若年層の支持なんて全く伸びないんですよ。この辺は、玉木代表との決定的な能力差になっている……いかん、足立君、ちょっといいアドバイスしすぎたんちゃう？

玉木代表と比べると、野田代表のセンスのなさはさらに浮き彫りになる。

大勝利の国民民主党が「１０３万円の壁」を押し出したのに対して、実質せいぜい横ばいにとどまった立憲、野田代表が勝負として打って出たのは「選択的夫婦別姓」だった。それ自体大切な問題ではあるけれど、でも「年収の壁」問題が１人１人の国民生活、そしてその集合である国民経済を左右する大問題なのに比べると、イシューとして少しレイヤーが異なるんですよ。身も蓋もない話をすれば、「年収の壁」問題は火をつければ多くの国民の心が燃え上がるのに対して、選択的夫婦別姓は、関係ない人、関心ない人にはどうでもいいことだし、無党派層にも、戸籍の廃止に直結するような選択的夫婦別姓に抵抗感を持つ人もいるわけで。明らかに悪手《あくしゅ》でした。

足立君が言いたいのは要するに、どこに焦点を当てるか、どこで勝負するかのセンスの問題なんです。

ダメ押しもしておこう。「年収の壁」だ「103万円の壁だ」と訴えた玉木代表は実務的、現実的でボリュームゾーンを刺激した。しかし「選択的夫婦別姓」は、いいか悪いか以前にイシュー自体がイデオロギー的で、皇室の皇位継承の問題と一緒くたにして議論する向きさえある。まあいかにも立憲的やんな。どのみち自民党内もまとまっていないし、維新はたぶん反対やし、そもそも国民全体が賛否両論でしょ？　そういう話、国会では処理しきれないので浮くんですよ。そこにわざわざ突っ込んで票が取れると思っていた野田代表ご自身のセンス、どうなんでしょうね？

▼安住淳――あの～、一言くらい話してくれてもええんとちゃいます？

衆院10期、同予算委員長。ＮＨＫ記者出身。さきがけを経て旧民主党から96年初当選。民主党政権で財務相。国対畑が長い。24年、野党議員として30年ぶりの予算委員長に。

祝・予算委員長就任

もう立憲について特に言いたいことはないけれど、小ネタとしてお２人だけ。

一人目は、花の予算委員長となられた安住淳《あずみ》議員である。安住さんもパーティー券購入不記載やったなんてショックやわ～とか、そういうまともな話がしたいわけではない。

足立康史にとっての最後の国会、10月の初旬のわずかな期間だけ、議席が隣接している立憲民主党と日本維新の会の関係で、安住議員と席がお隣だったのだ。

いや足立君、安住議員にいい印象を持たれている自信はないし、私だって安住議員を評価なんてしてません。でも、まあお隣同士なら、政治家同士、一般論として時候の挨拶ぐらいはしますわな。ええネクタイされてますなあ～とか、仙台のずんだ餅おいしいですな～とか、話題なんてなんでもいいのである。

しかし安住議員、挨拶もなし、一言も話さず、目も合わせてくれなかった。

だったら自分から行けば……と思われるかもしれないが、まあそこまで足立君も話したいわけではないし、露骨に「話しかけんといてくれるかオーラ」を発散している相手を刺激したくもない。

結局、本当に一言も会話をしないで終わってしまったのだった。いやあ足立君、これは重大な失敗、反省せなあかんで。本に何も書くネタがないやん！

安住議員、長年の国対委員長を経て野党からの予算委員長、重任誠にお疲れ様でございます。また本を書くことがあるかもしれないので、いつかどこかでご挨拶くらいはさせてくださいね。

▼小沢一郎——足立が国会議員をやめて感じた、小さな疑問とは？

衆院19期は現役最多。93年自民党を離党し新生党結党、政権交代の立役者。新進、自由をへて民主党で二度目の政権交代。国民の生活が第一、日本未来、生活、自由を経て立憲へ。

まさかの復活傾向？

最後は、当選19回、生きる伝説・小沢一郎議員である。

小沢議員に対する思い、特に足立君が官僚当時の、本当に輝いていた時代の記憶は『アホばか』に綴ったのでそちらをご覧いただきたい。

しかし小沢議員、前々回の総選挙は「屈辱の」比例復活となり、ついに小沢一郎の時代も終わりに向かい始めたのかと評する向きもあったわけだが、今回の立憲代表選では野田代表選出に一定の役割を果たされたと聞くし、小選挙区でも再び圧倒的な勝利を成し遂げられた。御年82歳だがまだまだお元気、小沢議員の影響力もまた、自民党の麻生元総理に近いものがあるのかもしれない。

……などと一定のリスペクトを捧げた上で、今回わざわざ項目を作ったのは、足立康史が殺されて政治家を引退する過程でふと頭に浮かんだ疑問、あるいは論点を書き残しておきたいからだ。

足立君のように政治家を引退したり、あるいは政党を解散したりする場合でもいいのだが、政治団体に残っているお金をどう処理するかという明確な規定が、現在の法令にはないのである。そして、事実上は政治家個人のポケットマネーになっているのだ。

政治資金はもともと無税で税務当局の目も届きにくいし、解散時にどう処理したかを記録に残す規定もない。当然に罰則もない。

クリーン第一、政治家としては貧乏でも心は錦でやってきた足立君は、若干の額ではあるが、新しい政治団体に引き継いで、あくまでも、その収支を最後まで公開していくことを決めた。

ここで足立君の頭に浮かんだのが、くだんの小沢議員である。

別名「政界の壊し屋」の異名を取ってきた小沢議員。宮沢内閣不信任で自民党を飛び出し、新生党、新進党、自由党、民主党、国民の生活が第一、生活の党、そしてまた自由党の代表を務められ、その他細かい話もいろいろ挟みながら、上品に申し上げるなら「破壊と創造」を繰り返して現在は立憲に所属されているわけだ。この間、自民党を二度の下野に追い込み、自民党レジームの揺さぶりにチャレンジした政治家である。

で、ふと浮かんだ疑問……小沢議員って、そういえば政党をなくすとき、お金どうしたんやろ？　という話である。

各党にあった政治資金、どこに行ったんやろう？　もしかして「政界の壊し屋」の本当の目的は、お金？　……いや、まさか。

この話、足立君は本当に知りません。多分新党の資金に流用されたんだろうけど。まあ真面目な話としては政治団体を解散する時の規定、しっかり国会で議論して法律で決めた方がいいと思う……ということは言うておくとして、今まで議論にならなかったの、なんで？　大きな話が隠れているとか？

足立君、まだまだ世間を知らんだけなのかもしれんので、詳しい方がいたら、こっそり教えてください。

第6章

その他もろもろの政党
大乱世　右も左も大騒ぎ

日本共産党も維新化!?

この章では、今まで取り上げなかった、衆議院議席数10未満の比較的小規模な党について述べていくことにしよう。各自反省もしていただきつつ、中小政党の動きにはいろいろな論点が隠されているもので、足立君も勉強になるし、読者諸氏の発見につながるかもしれません。

トップバッターは、この章に入れてしまうのは少し申し訳ないかもしれないが、日本共産党だ。

立憲との協力も解消に向かい、支持層は高齢化。一昔前からのソフト路線も年代別の得票を見る限りでは若年層の支持拡大に結びついておらず、恐らくは「れいわ」あたりに流れつつあるのだろう。残ったコア支持層は立憲や自民と同じく70、80代という、バリバリの既成政党型である。議席数も8へと、ついに一ケタまで減ってしまった。

足立君は『アホばか』で共産党の恐ろしさだけでなく、すごさ、議員個人やスタッフの優秀さを述べたし、その評価自体は今も大きく変わってはいない。けれど、今回改めて共産党に対して何か言いたいことあるかいな……と考えたら、特に思いつかんのですよ。

「破壊活動防止法の監視対象」であることとか、護憲や護憲！　といいながら、社会経済のあり方を変えることを目的としているあたり表向きだけ見てたらアカンでとか、足立君のそういう認識は変わっていないので、知らん方は各自検索などしてご確認ください。

ただ、共産党の皆さん。足立君の感覚を信じるなら、このままではマズいですよ。あなたたちはエッジを失い、世の中からどんどんズレて、忘れられていきますよ……と警告音を発しておきたい。まあ、それでええのか。別に共産党なくなっても構わんしな。

今回は一つだけ、足立君の身の回りであった、ちょっと怖い話だけ書き残しておくことにしよう。

高橋千鶴子元議員。昨年の総選挙では、残念なことに落選となってしまった。「残念」というのは文字通り、心からの話である。長年厚生労働委員会でご一緒させていただき、鋭く優秀な質問力でいつも光っていた方だ。その仕事ぶりはイデオロギーを超えて心からリスペクトしている。高橋元議員のような方がいるから、足立君は一貫して共産党の調査力、質問力を褒めているのである。

ところが、その優秀な高橋元議員、前回の選挙では、事実上の「お払い箱」だったという噂があるのだ。

高橋元議員は衆院当選7回、今回も比例代表東北ブロックの単独1位で立候補はしたもの、党中央からの強い支援を得られず、実質は落選に追いやられた――という、あくまで噂である。

どうしてだろうと思い、いろいろと情報収集をしてみた。するとどうやら、党中央で起きた降格処分人事について経緯を明確に資料で示すべき、などと主張したところ、党の常任幹事からヒラの幹事に降格させられた、という話に行き着いた。

そして、長年の議員なので立候補はさせるが、いつものような支援はしない、動員もかけないというプレッシャーが効いたようなのである。

そのせいで東北唯一の議席が失われたのだから、結局共産党全体にとってもよくない話なのではないかと外野からは思うが、一方で共産党は、中央に刃向かう人間を、無言で排除していく恐ろしさを持っている集団でもあるわけだ。つまり、たとえ1議席を失ってでも、不満分子は葬るのである。

恐ろしい。まるで共産主義やな……あ、共産党やったわ！

でも、どこかの維新の会で執拗に命を狙われ、「足立死してもガバナンスは死なず！」と言ったか言わんかのうちに哀れにも惨殺された足立君も、立候補したかどうかは別として、考えてみれば高橋元議員と同じようなものだ。結局、同志であっても意見するものは構わず殺していく維新が共産党化しつつあるのだろう。

共産党や維新が政党として終わってもいいけれど、日本の政治、正しい政党の姿が終わったらいけないわけで、やはりガバナンスが大切やね、ということを、共産党からの学びとして改めて強調しておきたい。

そして高橋千鶴子先生、長年お疲れ様でした。

と、ここまで書いていたら、12月6日に高橋千鶴子さんが次期衆院選に向けて共産党公認で比例代表東北ブロックから立候補するというニュースが飛び込んできた。高橋さんが共産党からパージされたというのは、憶測だったのかなあ。ごめんなさい。

でも、党中央に意見したら除名になる共産党の体質は、変わらない。高橋さん、応援しているので、国会に戻って、言いたいことどんどん言ってくださいね！

社民党の本当の名前は「社会生コン党」ちゃいますか？

衆院はギリギリの1議席、参院も2議席。総選挙の比例得票数はついに100万票割れ、参政党や百田尚樹氏の日本保守党にすら及ばない。もはや風前のともしびと化した政党である。わざわざ項目立てる必要ないいんちゃうんかと言われればまあその通り。ただ、松井一郎氏界隈で話題に出た「生コン」の話を引っかけると、これでもまだまだ一杯やれまっせ、という話である。

2つの「生コン」に関しては、本格ミステリ大賞か大藪春彦賞あたりをもらえるであろう第1章で復習していただくとして、話題の「連帯ユニオン」の生コンと社民党の関係を、ここで改めて強調しておきたい。

なぜなら、社民党、本名・社会民主党の実態は、「社会生コン党」と表現しても、足立君的には差し支えないとさえ思えるからだ。

数多くの逮捕者を出した労働組合の生コンだが、古くは共産党系だったと聞く。しかしあの共産党をもってすら、「あいつらほんまにやばいで」と言ったかどうかは知らんけど、手に負えないとして追い出してしまった格好なのだった。

こうして1980年代後半に、生コンは当時の日本社会党に駆け込み、支持団体となった。時はまさに与野党伯仲、土井たか子氏が日本初の女性政党党首となり、いわゆる「おたかさんブーム」が巻き起こっていた。若い人には何にもわからんね、ごめんなさい。で、もともと大学講師出身の学者である土井氏は、急接近してきた生コンのやばさを全く知らなかった。新しい支持団体ができたでと喜んでいたはずが、後に威力業務妨害等で多数の逮捕者を出すこととなる危険な集団と、いつの間にか握手してしまい、がっちり取り込まれてしまったのである。

カンのいい方はすでにお気づきだろう。現在の生コンと繋がりがあるとされる政治家、社民党の福島瑞穂党首、立憲の辻元清美議員は、いわゆる土井チルドレンであることに。要するに、土井さんに取り入った生コンは、今日に至るまで脈々と土井人脈を利用して生きてきたのだ。

辻元清美議員は社民党から民主党に移籍するとともに連帯ユニオンとは距離を取っておられるようにお見受けしますが、いまだにがっちり組んでいるのは社民党だ。党の退潮で、もはや支持しているのは高齢者中心の100万人足らず。支持を得るためなら社会生コン党に党名を変えてもいい……とまではさすがに思わんだろうけど、すっかり蜜月なのである。

そして、現在生コンとズブズブの関係を築いているのが、2021年から副党首に就任している大椿《おおつばき》裕子議員（参院比例区）である。

この大椿議員、足立君とは少なからぬ因縁がある人物なのだ。

大椿議員はもともと大阪教育合同労働組合の委員長だったが、2019年の参院選比例区に社民党から立候補して落選。その後2020年に、衆院大阪9区から立候補することが決まり、実際2021年10月には出馬をして第3位になったが、比例重複でも復活できずにやはり落選している。

そう、大阪9区はかつての足立康史の選挙区である。というのも、足立君は『アホばか』でも述べている通り、なかなか東京のメディアが取り上げない生コン問題を国会内外で執拗に追いかけ続けていた。おそらくはそこに業を煮やした生コンが、「ちょっと足立とかいうガキをつぶしたって〜」と言ったか言わんか知らんけど、足立潰しの先兵として大椿氏を送り込んできたのである。結果は足立君得票率50％オーバーの大勝やったけどな。そして、今から振り返れば、足立君にとってホントに怖いのは、連帯ユニオンではなく日本維新の会だった、というオチになったんだけどね。

大椿氏は続く2022年の参院選でも比例で届かず落選するが、その際の当選者だった吉田忠智氏が立憲に鞍替えし、その上選挙区で出馬するため辞職したので繰り上げで当選、ついに念願かなって国会議員となった。ちなみにその前までは、大阪府議選で茨木市選挙区から出ようとしていた。茨木、そんなに好き？

という前段があるので、生コン専門家の足立君としても、大椿裕子議員の動向には気を配ってきた。その中でも、「これほんまに社会生コン党やなあ」と感じた傑作が、2018

年に恐喝容疑で逮捕、2年近く大阪拘置所に収監されていた（大阪地裁で懲役3年、執行猶予5年）、当時の委員長、つまり生コンのご本尊、武建一氏との会話である。2020年6月に収録された「関西地区生コン支部委員長・武建一さん、語る」というタイトルの動画なのだが、つまり大椿氏はこの時点ではまだ国会議員ではなく、社民党から立候補と落選を繰り返していた時期となる。連帯ユニオン中央本部の公式YｏuTubeで視聴できるので、お好きな向きはぜひどうぞ。

武建一氏が逮捕されたのは権力からの弾圧なんだというプロパガンダに協力している人が国民の選良、それも公党の副党首になるというこの状況。いくらなんでも、ちょっと一線越えてると思いません？　一般の国民がこれを見て、社民党に未来を託そうと思うんやろうか？

武建一氏、運転手から生コンの執行委員長として手腕をふるい、何度も逮捕拘禁されている本物中の本物。生コンの中の生コンである。武委員長のもとやりたい放題だった生コンだが、2020年までには武執行委員長ら幹部を含め57人、つまりあらかたの実働部隊が逮捕されたわけだ。

最後に、足立君の独占取材情報を付け加えておこう。

とある立憲民主党の重鎮議員とたまたまご一緒する機会があって、同じ会派（立憲民主、社民、無所属）となっている社民党の大椿議員や連帯ユニオンとの絡みについて、「ぶっちゃけどないですのん？」と問うてみたら、いやー、あんなんと同じ会派なの、ほんまに勘弁してほしいわ～とバッチリ本音を教えてくれた。

大椿議員、信じた道で一生懸命おやりになっているんでしょうけど、やっぱり57人逮捕は反省した方がいい……と足立君は思います。

れいわ新選組――意外に幅広い政党、ぱっと見以上の実力がある？

共産、社民の退潮と裏表になっているのか知らんけど、議席を3倍に伸ばしたのが山本太郎代表率いるれいわ新選組だ。

れいわは典型的な山本代表のオーナー政党だが、足立君は参議院議員の山本代表と特に絡みもなく、残念ながら香ばしい話も知りません。あ、そういえば山本さんは宝塚の出身だそうだけど、足立君の選挙区だった箕面自由学園出身なんやってね。足立は茨木市やけど、この地はかの有田芳生《よしふ》議員も生み出している。そして、かの生コン元委員長武建一氏も、旧大阪9区の池田市の人だ。どんな組み合わせやねん。大阪9区、多士済々ですな～。

もう一人、れいわのパフォーマーといえば議場プラカードでおなじみの大石あきこ議員だが、こう見えて案外懐が深い政党だというのが、足立君の分析である。あるいは、共産党や社民党が絶対にできないことをできているから、ちょっとばかにできないくらい党勢を拡大しつつあるのではないだろうか？

一応、れいわがどんな人々から支持を受けているのかを考えてみると、政策としては基本的に減税、消費税なくせ、国民の生活苦しいから国がどうにかしたってやという、まあ典型的左派ポピュリズム政党ではある。ただ、見せ方が上手だし、ネット活用など今風の戦術にも長けている。今までなら社民党や共産党に入れていたその界隈の人々の支持を、少しずつ、そしてだんだん大きく奪っているため、今後もまずまず手堅く推移するんちゃう？……というのが一応の分析になる。

でも、足立君はそれ以上の伸びしろがあるのでは？　と見ているのだ。

この本の読者にとっては、れいわってただのファッション左翼ちゃうんかいというところだが、そう単純に割り切れない、ある種の多面性を持っていることがれいわの強みなのでは？　ということなのだ。

ここである議事録をご覧いただきたい。2022年4月6日、衆議院国土交通委員会での一幕だ。

たがや亮《りょう》議員　（前略）最後の質問ですが、最後に、日本維新の会の対案について、お待たせしました、日頃から、れいわ新選組や野党に厳しく指摘をされている足立議員にお伺いをいたします。

維新の会の対案には共感できるものがあるんですけれども、日頃、足立議員に厳しく指摘されている野党議員の中には、足立議員が出すから嫌だ、反対だという声が私の耳にもちらほら入ってまいります。是非、足立議員におかれましては、態度を改めるというか、無駄な話をしないというか、変なことを言わない、そういうことをやっていただければ、野党の方々も、もしかしたら、もしかしたらですよ、可能性は低いかもしれないですけれども、法案に賛成をしてくれる可能性が高まるんじゃないかと私は思っております。

そこで、足立議員にお伺いをします。

野党に日頃厳しくしているように、与党案の内容に対して、厳しい指摘と御見解、それをお聞きしたいのと、足立議員の、賛成を得るための決意、強い決意をお聞かせください。

足立　たがや先生、御質問ありがとうございます。

私も、いろいろな野党の方とおつき合いしていますが、れいわの中にもこんなすばらしい先生がいらっしゃるんだなということで、改めて認識を新たにしているところでありま す。（以下略）

これは、２０２１年７月に静岡県熱海市で起きた土石流災害を受けて、土砂の管理や置き場に関する法案を、政府案に対抗して足立ほかの議員が議員立法を提出していたため、通常は起らない野党議員↓野党議員の質疑が行われたわけです。そして、たがや亮議員は本当に足立君の提出した議案に賛成をして下さったのです。

さて、やたら足立君をフィーチャーしてくださるたがや亮議員。足立君が「れいわの中にもこんなすばらしい先生が」なんてかましているのは決して嫌みではない。たがや議員、山本代表や極左運動家の大石議員（ちなみにこの方も生コンと昵懇）とほんまに同じ政党なん？　というくらい、まともなのだ。何なら、たがや議員を間に挟んで、大石議員と食事したこともあるくらい。あ、赤絨毯での飲み食い政治はアカンらしいですよ、維新の皆さん気をつけましょう。

たがや議員、もともとは飲食店の経営やコンサルタントで、2012年国民の生活が第一→日本未来の党→生活の党から始まり、民進党、希望の党を経て、れいわ新選組で2021年にようやく初当選したという苦労人だが、経歴を一見しても活動家である大石議員の仲間ではなさそうだと思いませんか？　実際、とても現実的な話ができる存在で、足立君はたがや議員をあえて「れいわ右派」と表現したいくらいである。いや、政党としてれいわをリスペクトしているわけではないですよ。でも、思った以上に多様で、政策の幅、スペクトルが広い、ということは知っておいていい。そして、だからこそ怖いのだ。

足立君の現時点での見方では、れいわは表向き山本太郎代表のオーナー政党でありつつ、よく見ると各議員の自由度が高く、一人ひとりの政治家に魅力がある、極左の大石議員も、右派のたがや議員もそれぞれがんばりつつ政党としてはゆるく連合しているような雰囲気なのだ。

実はこれ、自民党のモデルそのものでもある。今回政治とカネの問題で公認を得られずに戦った議員もいるが、政治家個人としてしっかりした「基盤」がある人はやはり当選している。そして、いろいろ派閥があったことからも分かるが、自民党の政策というものも応答に幅があるし、またそれが許されている。それが自民党の強みであり、「度量」や「多様性」でもあるわけだ。

何それ、れいわでそんなん可能なんかと思いますよね？　足立君もこう述べていながら半分はまだ理解できていない。山本代表は政党オーナーとしてパフォーマンスしつつ、どうして極左の大石議員と、まともな中道右派のたがや議員を共存させて国会運営できるのか。なんかごっついテクニックや手腕を持っているんとちゃうか……そこで、れいわの本当のところってどうなのか、あれこれ探ってみた。総合すると、山本代表は基本的に左寄りだが、たがや議員ぐらいまでの線は、一応ギリギリ許されているらしい。だいぶ守備範囲広いというか、本当に懐深いんかもな。

実は足立君の周囲でも、れいわの勢いを感じることが増えてきた。維新の連中は今でも「れいわ？　なんぼのもんやねん」程度の感覚ですよ。でも、データはすでに、明確にれいわの伸びが優勢であることを示しつつあったりもする。

世論調査や投票データ等を分析している三春充希《みつき》氏の発信を、足立君はいつも参考にさせていただいている。すばらしいお仕事ぶりなのだが、自分にも関係があることなので思わずうなってしまったのが、「維新」vs「れいわ」の総選挙比例得票数を自治体ごとに集計し、2021年と前回の総選挙で比較したものだ。詳しくは三春氏のnoteにアップされているので検索してほしいが、数字だけ引用させていただくと……

【21年】維新リード1804市区町村／れいわリード86市区町村
【24年】維新リード　626市区町村／れいわリード1263市区町村

……と、3年で劇的に逆転されているのだ。

ぜひｎｏｔｅに掲載されている図版も見てほしい。2024年の総選挙では、近畿地方以外のほとんどで、維新はれいわに負けていることが一目瞭然だ。

いや、維新のわかりやすいだめっぷりがわかって心温まるわけだが、逆にれいわは、本当にあなどれんですよ。

もう一つだけ。れいわは障害のある木村英子議員、船後靖彦議員を比例で参議院に送り込んでいるが、これはとても高度かつ正しい戦略であることを付け加えておきたい。

まず、障害のある方が国政に参加している姿、そして国会がバリアフリー化されていく様子を見せる戦術も見事なのだが、本来参議院、そして全国比例の使い方、候補者の選出や運用方法は、このような形があるべき姿だからだ。一人では他の候補者と同じようには選挙活動ができない、しかし国政に訴えたいことがあり、特定の分野に知見やスペシャリティを持っている人が比例を活用して国会に出るのは、海外の例に照らしても、とてもまともな使い方だ。

ということで、なんだかんだ結構褒めてしまったれいわ新選組。もう少しこの勢いは続きそうではある。たがや議員は国対委員長を外れて副代表になっておられるようですが、私はたがや議員には今後も大いに活躍していただきたいと思っています。

参政党——ガバナンスがちゃんとしていてびっくりやで！

比例で3議席を獲得、次に述べる百田・有本両氏の日本保守党より比例票を集めたのが参政党だ。

一般的に参政党は右端系のミニ政党と見られがちだが、それは少し一面的にすぎんちゃうんかというのが足立君の見立てである。

実は足立君が一国民となった後、たまたま神谷宗幣《そうへい》代表と会食する機会があり、足立君が気になることをいくつかぶつけてみた。ちなみに神谷議員も関西大学に進学した縁で吹田住まいが長く、政治活動は吹田市議から始まっている。北摂（大阪北部）って本当にいろんな人がいますね。

足立君が参政党の特徴として見ていたのは、一面では保守政党でありながら、農薬や食品安全、化学物質、そしてワクチン問題など、粗っぽくカテゴライズすると左派っぽいテイストのアジェンダを入れて、結構な重さで押し出していること。

もう一つは、まだ政党としては決して大きくないのに、どうしてここまで小選挙区に候補者を立てられるのか。その数実に85人。少なくとも、候補者を立てるには「選ぶ過程」が必要になるし、公党ならばガバナンスをしっかりしなければならない。めちゃくちゃ大変なんですよ。

そんな話も交えつつ話を伺うと、まず神谷代表は、参政党を保守政党といったイデオロギー政党としては考えていない、と明言した。

たとえばワクチンの問題でいえば、実際に日本製ワクチンの認可を巡って厚生労働省の動き方には相当の批判があり、そこをついているのだが、むしろ有権者の中にワクチン問題に絞って熱い反応を見せる、いわゆる「反ワク」層が一定数いるため、外からはそういう政党に見えてしまう点は否めない。しかし、参政党としては、いわゆる「反ワク」とは違うし、そうした方々からの批判も少なくないのだという。

そしてもうひとつ、候補者選び、そしてガバナンスの問題なのだが、これがなかなかしっかりしていて、フラフラしている維新でえらい目にあった足立君はいい意味でちょっと驚いたのだった。

神谷代表は、2010年に「龍馬プロジェクト」という、全国の地方議員を連合する組織を立ち上げた経験がある。本格政党まで持ち込みたかったものの続かなかった。だが、その失敗で神谷代表は、多士済々、声がでかくてキャラ濃い人たちをどうまとめ、どうガバナンスしていくかの重要性を痛感し、そのためにはどんな第三者が見ても公正公平なルールを作るしかないことを悟ったのだという。

現在の参政党は、決して神谷代表のオーナー政党ではなく、一定の反対があったら却下されたり、代表や役員、候補者を選んだり取り下げたりする仕組みも公正で透明、正々堂々勝負、結果が出たらみんなで尊重できる、党員民主主義ができているのだった。どこかの松井一郎氏にも、ぜひ教えてあげてほしいわ。

日本保守党——百田さんより有本さんの狭量が徒《あだ》になる!?

最後は、百田尚樹氏と有本香氏が立ち上げた日本保守党なんやけど、足立君のまわりにも支持者が少なくなく、自民党の状況との相まって、一定の党勢を拡大するのではないかと注視をしてきました。

ただ得票数を一応分析しておくと、想像以上に伸びなかったというのが正直な印象だ。参政党にも及ばなかったし、議席数が同じ3とはいっても河村たかし議員に絡む愛知、東海地方の2議席は百田有本両氏の影響が大きいとは言いがたく、実質は比例1議席分と見るのが順当ではないだろうか。

そもそも今回の総選挙、高市総理総裁に期待していた自民党の保守票離脱、維新のていたらく、あとはようわからんという状況は、基本的に立党したばかりの日本保守党に有利、フォローとして機能したはずだったのだが。

詳しい方に言わせると、2024年4月の衆院東京15区補選に立候補して善戦した飯山陽《あかり》氏との内紛の悪影響が……ということらしいけれど、足立君は正直よくわかりません し、調べる気もありません！　だいたい、足立君は別の東京15区問題（日本維新の会による公職選挙法違反問題）でそれどころやなかったしな。

とまあ、これだけだとつまらんので、百田尚樹、有本香氏と過去にあったバトルのビハインドエピソードでお茶を濁すことにしよう。

ご興味があれば細かくは検索していただきたいと思うが、2019年参院選を前に、すでに引退していた橋下徹氏と百田・有本両氏が靖國問題や維新のマニフェストにあった国立追悼施設を巡ってバトルになり、本来は党政調や国会議員団が前に出て説明責任を果たさなアカンところやのに党執行部が頰かむりをしているため、業を煮やした足立君がしゃしゃり出ていってバトルに混ざる形となってしまい、つい筆が滑って、百田先生に「まあ、本を売らないといけないのは分かりますが」とツイッター（現X）に書いてしまって大騒ぎになった。

この一件、最終的には党本部マターとなり、参院選が近づいていたこともあって、足立君は、百田、有本両氏に直接謝罪をすることになった。足立康史は本当に菓子折を抱える古式ゆかしき日本の謝罪スタイルで、ご両人のもとを訪問したのだった。

百田先生は意外にもあっさりしていて、うん、わかったよーとあっさり謝罪も菓子折も受け取ってくれた。

ところが、有本氏は最後まで会っても、菓子折も受け取っていただけなかった。それ以来、気にはなっていたのですが、昨年12月中旬に有本氏からご連絡を頂戴し、新年早々に有本さんのニコニコチャンネルにゲストとしてお招きをいただくこととなったのです。

百田先生も有本さんも数多くのファンを抱えていて、ＹｏｕＴｕｂｅやニコニコ動画の配信、そして出版等でもお忙しいことと思いますが、日本保守党は政党要件を満たした公党ですから、これからも注目をしていきます！

最近のネット論壇の世界では、昨日まで仲良くしていた人と急にけんかしたり、バトルになったりすることが多いように感じますが、それもまたスパイス。お互いにリスペクトし合いながら、それでも言うべきことは言い合う。そんな、プロレスじゃないけど、深みのあるバトルをこれからもやっていきたいですね。

あ、有本さんに渡せなかったお菓子は、スタッフがおいしくいただきました！

第7章
メディアとネット、SNS 世の中も政治も選挙も変わるんやな〜

「石丸旋風」でびっくり

最後に少しだけ、足立君が永田町を去る前後に起きたできごとのなかでも、メディアのあり方、ネットの力、そしてSNSの影響力が強まることで、政治や選挙がどう変わっていくのか、そしてその中にいる人たちをどう見ているのか、述べておきたいんですよね。

すでに触れた2024年の3つの選挙、7月の都知事選、10月の総選挙、そして11月の兵庫県知事選で浮かび上がった、既存メディアとネットの力関係の問題に、いま触れないわけにはいかないんですよ。

足立君の初当選は2012年12月。インターネット選挙を解禁する法改正が2013年だから選挙運動とネットの現在地は体感的に経験をしてきた。その感覚を一言で言うと、

「ネットで何もせんわけにはいかんけど、ネットで何かが得られるわけでもないねんから、まあまあ、マイナスだけ掘らんようにしとこな」

……という感じがずっと続いてきた。つまり、いくら公職選挙法でネット選挙のルールが一応決まったとは言え、影響力が弱いために従来の選挙運動をしのぐようなプラスの得点

は得られない。そこに注力しても効果薄。ただしわかりやすいネガティブ情報を拡散されてしまう危険性はあるので、気をつけてやりましょう、マイナスさえ作らなければいいのでよろしく……こんな感じ。

ところが、都知事選でのいわゆる「石丸旋風」を目の当たりにして、みんな腰を抜かしたわけだ。

足立君も、ネットの向こう側に相当の有権者がいて、そこには従来型のアプローチではあまり届かないこと、かといってどうすれば支持を拡大できるか、「定石」めいたものはまだ分からんこと……だけは分かったという段階である。ということで皆さんも足立君と一緒に勉強していきましょう。

ネットがテレビを逆転した今、放送法を見直すべき

昨年10月の衆議院総選挙の結果も含めて強く感じたのは、年代による政党間の得票率の差がとても明確になってきたことだった。

選挙の構図としては自民vs立憲とか、国民民主党、れいわの躍進という解説ができるけれど、支持層が高齢化しつつあるのは自民党も公明党も立憲民主党も、そして共産党や社

民党も同じだ。一方、国民民主党は前述の通り圧倒的に支持層が若く、れいわ、そして一応維新もそれに続いてはいる。

こうした状況をメディア空間に変換して考えてみると、テレビや新聞でどこに投票するか、どの党を支持するか考えている人はどんどん高齢化している一方、若い層はネットや動画で決めている、という見方ができるだろう。

NHKの「日曜討論」や、古くはテレビ朝日の「朝まで生テレビ!」、「サンデープロジェクト」などが政治言論の発信地だったわけだが、その力は相対的に弱まりつつある。なにせ、新規層が流入してこない。

一方、ネット番組は好調だし、実際面白いよね。AbemaTVは四半期ベースだと黒字化したと聞くし、足立君も時々呼んでいただくReHacQも、結構攻めたテーマにもかかわらず万単位の同時接続数を誇っている。足立君もテレビ、ネット動画両方経験があるけれど、やっぱりネット動画のほうが、重いテーマでも深掘りできるし、論争も時間無制限で心ゆくまでできる。従って、コンテンツとしての質、レベルは、政局報道に偏りがちなテレビよりも結果的に高くなる。

そこからさらにネットニュースやSNSとして拡散されていき、アーカイブ動画もあるため、とても大きな影響力を持っていると見るべきだろう。いや、足立君の経験で言うと、テレビに出た場合とネット番組とで、「見ましたよ〜」って言われたり、ＳＮＳでの反応の多さを比較すると、もうあまり変わらない、ネットもテレビと遜色ないレベルまで大きくなってきたのだ。

足立君のようなタイプの政治家の場合には、むしろネットの方が性に合う。なんと言っても、政局ではなく政策本位の話がメインになっていくのはいいことですよね。

そして、こうした傾向は今後とも強まり、そして定着していくのだろう。エコーチェンバーなど気を配らなければいけないこともあるが、もう逆回転することは考えにくいでしょう。

さて問題は、放送とネットやＳＮＳでは、法令によってできることが異なっているという点が重要だ。政治報道、選挙報道については、テレビをはじめとする放送事業者には「政治的に公平であること」（放送法４条）が求められていて、特に選挙が近くなると関連する報道に過度に及び腰となり、有権者に有用な情報であっても報道しないという傾向が強まるのだ。しかし放送ではないネット番組には適用されず、しかもそちらの方が影響力が強くなっている今、放送に政治的公平性を守らせて何か意味あるんかい、ということだ。

すでにテレビがネットに追い越されつつある今、果たして放送法4条の規定は、今必要なのか。この議論をJBPressに寄稿したら大きな反響をいただいた。

放送メディアは、放送法を守ることを理由に、そして放送時間という尺の問題があって、選挙になると報道コンテンツがどうしても抑制的になる。そして批判されることを恐れるあまり、なるべく危ないことはせんとこうと、リスクを避けながらどうでもいい話を続ける。そのくせ、長年マスメディアの王者だったから、権威主義的で一方的な姿勢をとり続ける。

こうした状況が巡り巡って視聴者離れを招き、石丸氏や斎藤氏、そしてNHK党の立花孝志代表などの台頭を招いているのだとしたら、何のための「知る権利」なのか、何のための「政治的公平性」なのか、もう意義がようわからんと思いません？　どのみち電波マスコミだけがそれを守ったところで、もう効果ないですよ。

それならいっそ、放送法4条を撤廃して、全ての言論を自由化し、いわゆる「言論の自由市場」に委ねたらどうか？

中には、放送法4条撤廃なんてアホか、反対にネットを規制しろ、黙らせろという向きもあるようだが、この自由主義社会、民主主義社会において、それはもはや不可能に近い。

規制を強化する方向よりも、むしろ、既存メディアとネットメディアとが切磋琢磨し、互いにファクトチェックに取り組むことこそ真の解決の道ではないだろうか。

米国では、賛否両論ある問題で双方を公平に扱うことを放送局に求める「フェアネス・ドクトリン（公平原則）」が１９８７年に撤廃され、日本でも、２０１８年に安倍晋三総理大臣が施政方針演説で「通信と放送が融合する中で、国民の共有財産である電波の有効利用に向けて、大胆な改革を進めてまいります」と表明し放送法４条の撤廃に動きましたが、半年ほどで立ち消えとなった経緯がある。

今後は、既存メディアにもっと自由な報道を認め、テレビ放送とネット配信とが互いにファクトチェックをし合い切磋琢磨する、そんな言論空間を目指したらいい。

多様なメディアの切磋琢磨を通じて〝どちらの言い分が正しいか〟を有権者が判断できるようになる。そうした「言論の自由市場」を私たちは信じるしかないのです。

もちろん、情報の発信側にも、そして受信側にも、そうした情報に関するリテラシーを高めていく不断の努力が求められることは、言うまでもありません。

こうした冷徹な認識をベースに、放送法改正、ぜひやりましょう！

▼石丸伸二――都知事選で問うたことは「天才的」だった？

三菱東京ＵＦＪ銀出身。20年地元の広島県安芸高田市長。市議会と激しく対立し話題に。24年辞職し都知事選出馬、ＳＮＳを駆使した戦術で第2位となり「石丸旋風」と呼ばれる。

都知事選で訴えた画期的な公約

「石丸旋風」を巻き起こしたその人であり、何だか２０２５年初めの時点では、これから何をするか分からんという意味で足立君と似たポジションにあるのかもしれない。

石丸伸二氏に対する見方に、賛否両論さまざまな論点があることは承知した上で、足立君としては1点、ちょっと意外かもしれないが、高く評価できるポイントを取り上げておくことにしよう。

それは石丸氏が、彼の言葉でいう「多極分散」、つまり首都機能分散を、東京都知事選で訴えたことだ。

国政選挙ならまだしも、首都である東京の知事選で、当事者の東京都民に首都機能分散を訴えるのはけっこうすごいことだと思いません？　だって一般的に公約としてありがちなのって、「東京をよくしましょう」じゃないですか。都知事選なんやから。

ところが、石丸さんは、こう訴えた。かつて東京は、進学や就職で日本中から若者を集め、労働力を集約して発展してきたが、供給元となった地方はもはやどんどん疲弊し、高齢化、人口減少が進んでしまっている。安芸高田市からやってきた石丸氏は、地方の衰退を東京都民に訴え、都知事になって地方と東京の共存、つまり東京を発展させることで地方も活性化していくために、分散を訴えたのだ。

選挙の結果を見れば、「石丸旋風」が蓮舫氏を圧倒はしたけれど、小池都知事には及ばなかった。そして石丸氏の動きは、「ネットと選挙」の文脈のみで語られることがほとんどである。

果たして、石丸氏の分散論がどこまで東京都民や彼を支持する若い人に届いたのか。足立君にも正直よく分かりませんが、ただ、石丸氏の新党立ち上げ、そして彼の議会改革の取り込みが、東京都議会だけでなく全国の自治体で始まり、首長を巻き込んで動かしていくところまで行くのであれば、あるいは東京と地方の関係に大きな変化をもたらすかもしれない。

石丸氏はご承知の通りトークが上手で、ＲｅＨａｃＱの常連だ。玉木代表とのトークなどとても刺激的で、足立君も一視聴者として引き込まれてしまうが、維新吉村代表とのトークは、吉村さんのレベルが低すぎて見るに堪えなかった。
やっぱり大事なのは本当の実力やね。
石丸新党の今後の展開、楽しみにしながら注視しています。

▼立花孝志――なんだかんだ言うても「貢献」はしている

ＮＨＫから国民を守る党党首。元ＮＨＫ職員、地方議員の当落選を繰り返し、19年参院初当選も途中辞任。24年兵庫県知事選に立候補、現職を支持するなど異例の活動で波紋。

まさかの「知る権利」守護者?

兵庫県知事選での動き方は記憶に新しいが、その前後もいろいろな選挙にいろいろな方法やコンセプトで参戦し、物議を醸している「ＮＨＫから国民を守る党」（ＮＨＫ党）党首の立花孝志氏。見出しの話は後でするとして、ご存じの方はご存じだろうが、足立君とのちょっとした縁から述べておこう。

立花氏と足立君はだいぶ以前からの知り合いだ。立花氏があちこちの選挙に立候補して落選、当選、辞退を繰り返していた中、２０１７年には足立君の地元・茨木の市議選に立候補（落選）したことがあった。

立花氏、このころにはそれなりの「有名人」になっていて、仲間の応援のために市内を駆け回っていた国会議員の足立君と遭遇し、挨拶を交わしたのが最初の出会いだ。

ＮＨＫをぶっ壊す……がいいかどうかは別として、ＮＨＫのあり方に問題があったのは確かだし、いろいろと情報交換をする意味で関係は今に至るまで継続している。ＮＨＫ顧客の情報を不正に取得するなどの関係で不正競争防止法違反と威力業務妨害容疑で起訴され、有罪が確定していることは残念だが、何でもぶっちゃけ意見交換できる間柄ではある。

斎藤兵庫県知事の問題に関しても、衆院東京15区における維新の法令違反を足立君が指摘して処分された事件と「公益通報者保護」という観点からオーバーラップするところがあり、有益な議論や意見交換をさせてもらった。

足立君の知っている範囲では、立花氏は外向けのパフォーマンスとは裏腹に、彼なりの計算や戦略に基づいて動いている。法令のギリギリをついて目立ちながら自身のプレゼンスを上げていくということなのだろうが、場合によってはギリギリの線を越えてしまうところがあるので注意が必要ではある。

世間一般、とくにオールドなマスメディアは、立花氏の扱いに困りつつ、ええ加減にせんかいと思っているのが実情だろう。

しかしそのメディアも支持や信頼を失いつつあるため、皮肉なことにメディアが批判するほど、立花氏には有利になっている面もある。斎藤知事問題も、やり方はちょっと、いやかなり課題はあるけれど、同時にこの問題をしっかりメディアが報じきれず、また、その報道内容を信じない人が増えてきたからこそ、あらゆる手段で隙を突き、「徹底した」情報公開を進めようとする立花氏の力が強くなっていく面があるわけだ。

足立君は兵庫県をめぐるいろいろな問題の実情を知っているわけではもちろんない。多くの県民、国民も同じで、「もっと知りたい」と思っている。その中での立花氏の動きは結局、知りたいと考えている人たちのニーズ、そして何より大切な「知る権利」のためには、手法はさておいて、大きな意味では「貢献」しているのではないだろうか。

ネット事業などに関するNHK改革が前進した今、今後立花さんが何をしたいのかは分からんけど、いつも「ようこんなこと思いつくな～」と感心する。彼の動きを通して日本の問題点が見えてくることもあるわけで、一概に、乱暴やといって遮断してしまうのは考え物やと思うね。

おわりに～生まれ変わった足立康史にご期待を！

昨年10月の総選挙前、政党（日本維新の会）の公認がなくても無所属でも衆院選に立候補する！　と準備をしていた際に、後援会の皆さまにお送りしたレターに、私の思いを次のようにしたためました。

「来たる解散総選挙は、戦後政治を転換できるかどうか、日本の未来を決める大きな選挙となります。日本が繁栄を続けることができるのか、あるいは、衰退してしまうのか、最大の分水嶺になります。

12年前に大阪で新しい国政政党『日本維新の会』が結党され、私も4回連続、国会へ押し上げていただきました。しかし、来たる総選挙は、これまでの総選挙とは意味が異なります。

戦後長らく日本を統治してきた自民党が、政治資金パーティー裏金事件を通じて、如何にカネまみれであったのかが可視化されました。日本維新の会でさえ、そうした自民党の

DNAと無縁ではありませんでした。

いまこそ、そうした古い政治文化に終止符を打って、新しい透明で公正な政治をつくる。全国289の小選挙区で、屹立とした本物の代議士を選んでいただき、これまでの政党政治そのものを刷新していく。

そうした意味で、来たる総選挙の後こそが、新しい政治をつくる『本舞台』です。政治の責任を果たすために、タブーなく論戦し、透明な行政、公正な経済、安心な社会を築いていく。

『足は地元に、心は国に、眼は世界に』をモットーに、走り続けます！」

そして、実際に、総選挙を経て、日本政治は「乱世」に突入しました。

昨年10月、維新本部が私の地元への刺客を決定し、そして総選挙後の12月には合流したばかりの京都の政治家が維新国会代表たる共同代表に就任し、大阪で生まれた国政政党に見いだしてきた「希望の光」は潰えました。完全に見えなくなってしまいました。

もともと明瞭な光源ではなく、「微かな光」だったけれど、それを見失うまいと、そして、確かな光に育てていこうと、懸命に走り続けてきましたが、もう見えない。

自分自身が「見えない」のに、どうやって国家国民を導くのか。自分の生活のためとか、家族や一族のためとか、はたまた党のためとか、そんな矮小な理由で政治をやりたくなかった。だから、「政界引退」としか言いようがなかったのです。

ところが、今回、本書を執筆しながら、徐々にですが、微かな光を感じ取ることができるようになってきました。

古い政治文化に終止符を打って新しい透明で公正な政治をつくる、透明で公正な経済社会をつくるために、こうすればいい、こうすれば政治を前に進めることができる、そんな思考が、自分の頭の中で、そして胸の中で、徐々に胎動しはじめてきたのです。

「書く」という作業を通じて、新しい何かが自分の中に生まれてきている。並行して多くの関係者と「対話」を深める中で、これまで見えなかったものが見えるようになってきたのです。「書くということは創造することなのだ」と改めて感動を覚えています。

もちろん、まだまだ具体的な道が開かれたわけではありません。しかし、新しい政治をつくるために、改めて立ち上がりたいという思いは、確かなものになりつつあります。つまり、新しい光が見えてきたのです。

「乱世」にあっては、既存の秩序も絶対ではありません。既存の政党を相対化しつつ、また再定義をしながら、新しい希望をつくってまいります。新しい政治をつくってまいります。

ご期待ください！

初春（はつはる）の
　柔らかな光に
　　つつまれて
　乱世を進むは
　　なんと楽しき

2025年1月

足立康史

足立康史（あだち　やすし）
1965年、大阪府生まれ。京都大学工学部卒業。90年、同大学大学院工学研究科修士課程修了。同年、通商産業省（現：経済産業省）に入省。98年、アメリカ・コロンビア大学国際関係公共政策大学院修士課程修了。2011年3月退官。12年の第46回衆議院議員総選挙で、大阪9区から日本維新の会公認で出馬、初当選を果たす。24年10月、政界引退を表明。著書に『永田町アホばか列伝』（悟空出版）、『国会という茶番劇　維新が拓く日本の新しい政治！』（ワニブックス）、『宣戦布告　朝日新聞との闘い・「モリカケ」裏事情から、在日・風俗・闇利権まで、日本のタブーに斬り込む！』（徳間書店／共著：小川榮太郎）などがある。

お待《ま》たせ！
永田町《ながたちょう》アホばか列伝《れつでん》

2025年２月２日　初版発行

著　者　足立 康史

発行者　鈴木 隆一

発行所　ワック株式会社
東京都千代田区五番町４-５　五番町コスモビル　〒102-0076
電話　03-5226-7622
http://web-wac.co.jp/

印刷製本　大日本印刷株式会社

ISBN978-4-89831-917-8